U0823938

中国博士后科学基金第二批特别资助项目：“金融效率与中国产业发展问题研究”（批准号：200902172）

金融效率与中国产业发展问题研究

The Research on Financial Efficiency and China's Industrial Development

余 剑 著

经济管理出版社
ECONOMY & MANAGEMENT PUBLISHING HOUSE

图书在版编目（CIP）数据

金融效率与中国产业发展问题研究/余剑著. —北京：经济管理出版社，2012.10
ISBN 978-7-5096-2050-2

Ⅰ. ①金… Ⅱ. ①余… Ⅲ. ①金融—经济效率—研究—中国 ②产业发展—研究—中国
Ⅳ. ①F832 ②F121.3

中国版本图书馆 CIP 数据核字（2012）第 164533 号

组稿编辑：宋 娜
责任编辑：孙 宇
责任印制：黄 铄
责任校对：超 凡

出版发行：经济管理出版社
（北京市海淀区北蜂窝 8 号中雅大厦 A 座 11 层 100038）
网 址：www. E-mp. com. cn
电 话：（010）51915602
印 刷：北京银祥印刷厂
经 销：新华书店
开 本：720mm×1000mm/16
印 张：14
字 数：208 千字
版 次：2012 年 12 月第 1 版 2012 年 12 月第 1 次印刷
书 号：ISBN 978-7-5096-2050-2
定 价：58.00 元

·版权所有 翻印必究·
凡购本社图书，如有印装错误，由本社读者服务部负责调换。
联系地址：北京阜外月坛北小街 2 号
电话：（010）68022974 邮编：100836

编委会及编辑部成员名单

（一）编委会

主　任： 李　扬　王晓初

副主任： 晋保平　张冠梓　孙建立　夏文峰

秘书长： 朝　克　吴剑英　邱春雷　胡　滨（执行）

成　员（按姓氏笔画排序）：

卜宪群　王利明　王国刚　王建朗　王　巍　厉　声　刘　伟

朱光磊　朱佳木　吴玉章　吴恩远　吴振武　张世贤　张宇燕

张伯里　张昌东　张顺洪　李　平　李汉林　李向阳　李　周

李　林　李培林　李　薇　杨　光　杨　忠　陆建德　陈众议

陈泽宪　陈春声　卓新平　周五一　周　弘　房　宁　罗卫东

郑秉文　金　碚　赵天晓　赵剑英　高培勇　黄　平　朝戈金

程恩富　谢地坤　谢红星　谢寿光　谢维和　韩　震　蔡文兰

蔡　昉　裴长洪　潘家华

（二）编辑部

主　任： 张国春　刘连军　薛增朝　李晓琳

副主任： 宋　娜　卢小生　高传杰

成　员（按姓氏笔画排序）：

刘丹华　孙大伟　金　烨　陈　颖　袁　媛　曹　靖　薛万里

序　一

博士后制度是19世纪下半叶首先在若干发达国家逐渐形成的一种培养高级优秀专业人才的制度，至今已有一百多年历史。

20世纪80年代初，由著名物理学家李政道先生积极倡导，在邓小平同志大力支持下，中国开始酝酿实施博士后制度。1985年，首批博士后研究人员进站。

中国的博士后制度最初仅覆盖了自然科学诸领域。经过若干年实践，为了适应国家加快改革开放和建设社会主义市场经济制度的需要，全国博士后管理委员会决定，将设站领域拓展至社会科学。1992年，首批社会科学博士后人员进站，至今已整整20年。

20世纪90年代初期，正是中国经济社会发展和改革开放突飞猛进之时。理论突破和实践跨越的双重需求，使中国的社会科学工作者们获得了前所未有的发展空间。毋庸讳言，与发达国家相比，中国的社会科学在理论体系、研究方法乃至研究手段上均存在较大的差距。正是这种差距，激励中国的社会科学界正视国外，大量引进，兼收并蓄，同时，不忘植根本土，深究国情，开拓创新，从而开创了中国社会科学发展历史上最为繁荣的时期。在短短20余年内，随着学术交流渠道的拓宽、交流方式的创新和交流频率的提高，中国的社会科学不仅基本完成了理论上从传统体制向社会主义市场经济体制的转换，而且在中国丰富实践的基础上展开了自己的伟大创造。中国的社会科学和社会科学工作者们在改革开放和现代化建设事业中发挥了不可替代的重要作用。在这个波澜壮阔的历史进程中，中国社会科学博士后制度功不可没。

值此中国实施社会科学博士后制度创设20周年之际，为了充分展示中国社会科学博士后的研究成果，推动中国社会科学博士后制度进一步发展，全国博士后管理委员会和中国社会科学院经反复磋商，并征求了多家设站单位的意见，决定推出《中国社会科学博士后文库》（以下简称《文库》）。作为一个集中、系统、全面展示社会科学领域博士后优秀成果的学术平台，《文库》将成为展示中国社会科学博士后学术风采、扩大博士后群体的学术影响力和社会影响力的园地，成为调动广大博士后科研人员的积极性和创造力的加速器，成为培养中国社会科学领域各学科领军人才的孵化器。

创新、影响和规范，是《文库》的基本追求。

我们提倡创新，首先就是要求，入选的著作应能提供经过严密论证的新结论，或者提供有助于对所述论题进一步深入研究的新材料、新方法和新思路。与当前社会上一些机构对学术成果的要求不同，我们不提倡在一部著作中提出多少观点，一般地，我们甚至也不追求观点之"新"。我们需要的是有翔实的资料支撑，经过科学论证，而且能够被证实或证伪的论点。对于那些缺少严格的前提设定，没有充分的资料支撑，缺乏合乎逻辑的推理过程，仅仅凭借少数来路模糊的资料和数据，便一下子导出几个很"强"的结论的论著，我们概不收录。因为，在我们看来，提出一种观点和论证一种观点相比较，后者可能更为重要：观点未经论证，至多只是天才的猜测；经过论证的观点，才能成为科学。

我们提倡创新，还表现在研究方法之新上。这里所说的方法，显然不是指那种在时下的课题论证书中常见的老调重弹，诸如"历史与逻辑并重"、"演绎与归纳统一"之类；也不是我们在很多论文中见到的那种敷衍塞责的表述，诸如"理论研究与实证分析的统一"等等。

我们所说的方法，就理论研究而论，指的是在某一研究领域中确定或建立基本事实以及这些事实之间关系的假设、模型、推论及其检验；就应用研究而言，则指的是根据某一理论假设，为了完成一个既定目标，所使用的具体模型、技术、工具或程序。众所周知，在方法上求新如同在理论上创新一样，殊非易事。因此，我们亦不强求提出全新的理论方法，我们的最低要求，是要按照现代社会科学的研究规范来展开研究并构造论著。

我们支持那些有影响力的著述入选。这里说的影响力，既包括学术影响力，也包括社会影响力和国际影响力。就学术影响力而言，入选的成果应达到公认的学科高水平，要在本学科领域得到学术界的普遍认可，还要经得起历史和时间的检验，若干年后仍然能够为学者引用或参考。就社会影响力而言，入选的成果应能向正在进行着的社会经济进程转化。哲学社会科学与自然科学一样，也有一个转化问题。其研究成果要向现实生产力转化，要向现实政策转化，要向和谐社会建设转化，要向文化产业转化，要向人才培养转化。就国际影响力而言，中国哲学社会科学要想发挥巨大影响，就要瞄准国际一流水平，站在学术高峰，为世界文明的发展作出贡献。

我们尊奉严谨治学、实事求是的学风。我们强调恪守学术规范，尊重知识产权，坚决抵制各种学术不端之风，自觉维护哲学社会科学工作者的良好形象。当此学术界世风日下之时，我们希望本《文库》能通过自己良好的学术形象，为整肃不良学风贡献力量。

中国社会科学院副院长

中国社会科学院博士后管理委员会主任

2012 年 9 月

序　二

在21世纪的全球化时代，人才已成为国家的核心竞争力之一。从人才培养和学科发展的历史来看，哲学社会科学的发展水平体现着一个国家或民族的思维能力、精神状况和文明素质。

培养优秀的哲学社会科学人才，是我国可持续发展战略的重要内容之一。哲学社会科学的人才队伍、科研能力和研究成果作为国家的"软实力"，在综合国力体系中占据越来越重要的地位。在全面建设小康社会、加快推进社会主义现代化、实现中华民族伟大复兴的历史进程中，哲学社会科学具有不可替代的重大作用。胡锦涛同志强调，一定要从党和国家事业发展全局的战略高度，把繁荣发展哲学社会科学作为一项重大而紧迫的战略任务切实抓紧抓好，推动我国哲学社会科学新的更大的发展，为中国特色社会主义事业提供强有力的思想保证、精神动力和智力支持。因此，国家与社会要实现可持续健康发展，必须切实重视哲学社会科学，"努力建设具有中国特色、中国风格、中国气派的哲学社会科学"，充分展示当代中国哲学社会科学的本土情怀与世界眼光，力争在当代世界思想与学术的舞台上赢得应有的尊严与地位。

在培养和造就哲学社会科学人才的战略与实践上，博士后制度发挥了重要作用。我国的博士后制度是在世界著名物理学家、诺贝尔奖获得者李政道先生的建议下，由邓小平同志亲自决策，经国务院批准于1985年开始实施的。这也是我国有计划、有目的地培养高层次青年人才的一项重要制度。二十多年来，在党中央、国务院的领导下，经过各方共同努力，我国已建立了科学、完备的博士后制度体系，同时，形成了培养和使用相结合，产学研相结合，政府调控和社会参与相结合，服务物质文明与精神文明建设的鲜明特色。通过实施博士后制度，我国培养了一支优秀的高素质哲学社会科学人才队伍。他们在科研机构或高等院校依托自身优势和兴趣，自主从事开拓性、创新性研究工作，从而具有宽广的学术视野、突出的研究能力和强烈的探索精神。其中，一些出站博士后已成为哲学社会科学领域的科研骨干和学术带头人，在"长江学者"、"新世纪百千万人才工程"等国家重大科研人才梯队中占据越来越大的比重。可以说，博士后制度已成为国家培养哲学社会科学拔尖人才的重要途径，而且为哲学社会科学的发展造就了一支新的生力军。

哲学社会科学领域部分博士后的优秀研究成果不仅具有重要的学术价值，而且具有解决当前社会问题的现实意义，但往往因为一些客观因素，这些成果不能尽快问世，不能发挥其应有的现实作用，着实令人痛惜。

可喜的是，今天我们在支持哲学社会科学领域博士后研究成果出版方面迈出了坚实的一步。全国博士后管理委员会与中国社会科学院共同设立了《中国社会科学博士后文库》，每年在全国范围内择优出版哲学社会科学博士后的科研成果，并为其提供出版资助。这一举措不仅在建立以质量为导向的人才培养机制上具有积极的示范作用，而且有益于提升博士后青年科研人才的学术地位，扩大其学术影响力和社会影响力，更有益于人才强国战略的实施。

今天，借《中国社会科学博士后文库》出版之际，我衷心地希望更多的人、更多的部门与机构能够了解和关心哲学社会科学领域博士后及其研究成果，积极支持博士后工作。可以预见，我国的博士后事业也将取得新的更大的发展。让我们携起手来，共同努力，推动实现社会主义现代化事业的可持续发展与中华民族的伟大复兴。

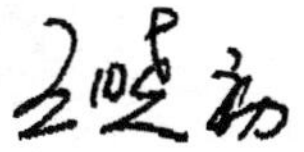

人力资源和社会保障部副部长

全国博士后管理委员会主任

2012 年 9 月

摘　要

金融是现代经济的核心，产业是国民经济的基石，提升效率是促进经济社会发展的重要推动力。本书以促进宏观经济增长与三次产业发展为政策目标，聚焦金融效率问题，并从金融功能效率（宏观层面）、金融配置效率（中观层面）、金融产业效率（微观层面）三个视角展开研究，得出如下主要结论：

第一，在金融功能效率方面，从我国发展中大国的基本国情出发，通过历史回顾、逻辑分析以及计量模型的演算，指出我国金融发展在促进建立完备的产业结构体系、保持较快的经济增长及产业扩张、产业结构不断优化升级这三大产业发展目标上总体有效，但主要金融资源的功能效率仍然有待提高。

第二，在金融配置效率方面，从最优化思想出发，运用运筹学理论建立了金融资源配置效率的优化模型及效率判定方法。在实证上，在模拟若干代表性行业的生产函数后，利用 LINGO 软件求解了金融资源配置的规划模型，结论显示近年来金融资源配置效率状况有所改善，有利于促进各行业协调发展。

第三，在金融产业效率方面，以盈利水平及盈利稳定性为代表性指标，研究作为国民经济的一个重要组成部分的金融产业的效率，并与国民经济中其他主要行业进行比较，总体认为近年来在特定的发展阶段及受到保护（管制）的政策环境下，金融产业是国民经济中投入产出较高、盈利能力较强、经营效益较好的产业。

第四，结合最新的国际国内经济金融形势研究金融效率问题。在世界各国通过向市场注入大量流动性等扩张性政策手段应对国际金融危机的大背景下，我国以适度宽松的货币政策为代表的宏观调控政策成效显著，金融功能效率得到充分发挥，但也引发了资产价格快速攀升、通货膨胀预期高涨等问题。同时，主要金融资源过于集中在某些政府融资平台、大型国有企业、政府背景投资项目等方面，单位金融资源的产出贡献明显下滑，金融资源配置效率有所下降。金融业自身尽管获取了丰厚的收益，但我国金融发展的市场化程度还不高，政策管制与保护仍然是常态，金融业竞争能力亟待加强。

关键词： 产业发展　金融资源　金融功能效率　金融配置效率　金融产业效率

Abstract

Since finance and industry act as the core and base of the modern economy, enhancing financial efficiency is one of the most important forces to promote economic and social development. This paper focuses on financial efficiency, and renders the research from financial function efficiency (macro level), financial allocation efficiency (meso level) and financial industrial efficiency (micro level) based on the target of economic growth and industrial development.

The conclusion can be summarized as follows:

1. In the aspect of financial function efficiency, the research develops from the basic national conditions of large developing countries, points out that China's financial development can effectively promote the establishment of a complete industrial structure and system, maintain rapid economic growth and industrial expansion, and optimize the industrial structure by the method of historical review, logical analysis, and econometric models. However the function efficiency of the main financial resources still needs to be improved.

2. In the aspect of financial allocation efficiency, we establish an optimization model on how to determine the efficiency of financial resource allocation referenced to the optimization idea and operations research theory. Empirically, we simulate the production function of a number of representative industries, and solve the programming model by LINGO.

The calculation result shows that the efficiency of financial resources allocation in recent years has improved somewhat, and this may be propitious to promote the coordinating development of various industries.

3. In the aspect of financial industrial efficiency, we conduct our research by using the profitability level and stability as representative indicators, and making a comparison to the other major sectors of the national economy. We believe that in recent years, the financial industry is an industry with high profitability and better benefits in the national economy, although it may be in this favourable operation situation because of particular polizies.

4. Research the financial efficiency problem inligurg the latest international and domestic economic and financial situation. Since most coutries injected a large amount of liquidity and adopted many other expansionary policy measures to tackle the financial crisis, china's government also took the appropriate loose monetary policy. In fact the appropriate loose monetary policy achieved excellent results, and we believe that financial function efficiency is good. Despite the success, we should still recognize that the loose monetary policy brings a series of problems such the assets' bubbles and high inflation expectations. At the same time, the main financial resources were highly converged to the government financing platform and state-ownered enterprises, and the per unit financial resources' output dropped severely. Although the financial industry gained a lot of profits, the financial market is not advanced, and policy control and protection is still unchanged. Financial industry should improve their competitiveness.

Key Words: Industrial Development; Financial Resources; Financial Function Efficiency; Financial Allocation Efficiency; Financial Industry Efficiency

目　录

第一章　导论 …… 1

第一节　研究的主旨及意义 …… 1

第二节　研究的核心命题——关于金融效率的界定 …… 3

一、关于效率问题的研究 …… 3

二、关于金融效率的研究及其层次划分 …… 4

第三节　研究的逻辑框架及主要研究内容 …… 7

第四节　研究的主要方法 …… 10

第五节　研究的难点及创新 …… 11

第二章　文献综述 …… 15

第一节　金融功能效率的研究 …… 15

一、金融功能效率研究的沿革 …… 15

二、金融功能效率研究的实证方法 …… 19

第二节　金融配置效率的研究 …… 22

一、金融配置效率研究的沿革 …… 22

二、金融配置效率研究的方法 …… 23

第三节　金融管理效率的研究（金融产业自身的效率） …… 24

一、经济视角的金融产业效率研究 …… 24

二、技术视角的金融产业效率研究 …… 27

第三章　金融功能效率与中国产业发展研究 …… 33

第一节　研究的逻辑及命题的提出 …… 33

一、研究的逻辑起点——基本国情的判断 …… 33
二、基于国情基础上金融因素促进中国产业发展的三大目标 …… 35
三、金融功能效率与产业发展研究的命题视角 …… 36
第二节 金融功能效率与大国情形下中国完备产业体系的构建 …… 37
第三节 金融功能效率与发展中国家情形下中国产业发展量的扩张 …… 40
一、金融发展在促进产业扩张上的作用 …… 40
二、对促进产业扩张的金融功能效率判断——1998~2008年的实证研究 …… 42
第四节 金融功能效率与经济快速发展中的中国产业结构调整 …… 49
一、三次产业间比例关系协调目标上金融因素的作用分析 …… 50
二、产业内优化升级上的金融要素效率分析——以部分制造业产品国际竞争力为例 …… 53

第四章 金融配置效率与中国产业发展研究 …… 57

第一节 金融资源配置优化模型的推演及配置效率判断方法的设计 …… 58
一、广义的金融资源配置效率 …… 58
二、不同国情下的金融资源配置效率模型的具体形式推演 …… 61
第二节 金融资源配置效率的运算——基于数学规划模型的研究 …… 65
一、变量、可获取数据及实证方法说明 …… 65
二、各行业生产函数的模拟 …… 66
三、一个简单静态优化实证模型的建立 …… 67

四、优化模型的求解及各年信贷资金配置的效率结论 …… 68

第五章 金融管理效率分析
——金融产业与其他产业效率的比较研究 …… 71

第一节 金融业是我国国民经济的重要产业 …… 71
一、我国金融产业发展概况 …… 72
二、金融业是发达城市的重要支柱产业 …… 74
三、金融业是现代经济的典型特征 …… 78
第二节 金融产业效率研究的方法 …… 79
一、经济视角的微观金融效率研究方法 …… 80
二、技术视角的微观金融效率研究方法 …… 82
第三节 金融产业效率测算及与其他行业的比较分析
——以各行业代表性大企业集团为例 …… 85
一、分析对象及研究特点 …… 85
二、金融产业与其他行业效率的描述 …… 89
三、金融产业与其他行业效率综合评价与比较 …… 96

第六章 新一轮金融危机后我国金融效率分析 …… 101

第一节 研究的背景
——金融危机及中国宏观调控基调转变 …… 101
一、国际金融危机对中国经济的影响：2008 年下半年至
2009 年上半年的简要回眸 …… 101
二、我国应对危机的宏观调控基调转变及主要举措 …… 105
第二节 危机后金融支持经济发展的有效性
——金融功能效率视角 …… 107
一、适度宽松货币政策促进经济发展的有效性 …… 107
二、金融支持经济发展中新出现的一些问题值得警惕 …… 113
第三节 对危机后主要金融资源配置效率的评价 …… 115
一、应对危机而出现的信贷资金急剧扩张行为及其原因

分析 …………………………………………………………………… 115
二、对此轮扩张性信贷行为配置效率的评价 ……………… 119
三、此轮信贷结构向政府或国有背景项目集中的原因
——博弈论视角的解读 ……………………………………… 121
四、所有制差异与生产要素投入产出效率比较
——历史经验视角的解读 …………………………………… 129
第四节　对当前我国金融产业效率的评价 ………………… 131
一、当前我国金融产业具备较强的利润获取能力 ………… 131
二、我国金融产业自身发展仍然存在一些问题 …………… 132

第七章　进一步发挥金融效率的政策选择 ……………………… 137

附　录 ……………………………………………………………… 143

参考文献 …………………………………………………………… 183

索　引 ……………………………………………………………… 191

后　记 ……………………………………………………………… 195

Contents

Chapter 1 Introduction ······ 1

1.1 The Keynote of the Study and Its Significance ······ 1
1.2 The Core Proposition: The Definition of Financial Efficiency ······ 3
1.2.1 The Research on Efficiency Issues ······ 3
1.2.2 Financial Efficiency and Its Hierarchical Division ······ 4
1.3 Logic Framework and Main Content of the Study ······ 7
1.4 The Method of the Study ······ 10
1.5 The Difficulty and Innovation of the Study ······ 11

Chapter 2 Literature Review ······ 15

2.1 The Research on Financial Function Efficiency ······ 15
2.1.1 The Evolution of the Study of Financial Function Efficiency ······ 15
2.1.2 The Empirical Methods of Financial Functional Efficiency ······ 19
2.2 The Research on Financial Allocation Efficiency ······ 22
2.2.1 The Evolution of the Study of Financial Allocation Efficiency ······ 22
2.2.2 The Methods of Financial Allocation Efficiency Research ······ 23
2.3 The Research on Financial Management Efficiency

(The Efficiency of the Financial Industry Itself) ········ 24
2.3.1 Economic Perspective Research of the Financial Industry Efficiency ········ 24
2.3.2 Technical Perspective Research of the Financial Industry Efficiency ········ 27

Chapter 3 The Research on Financial Function Efficiency and Industry Development ········ 33

3.1 The Logic of the Study and the Purpose of the Proposition ········ 33
3.1.1 The Logical Start：Judgment on the Basic National Conditions ········ 33
3.1.2 The Three Main Objectives of Financial Factors in Promoting China's Industry Development Based on National Conditions ········ 35
3.1.3 The Proposition Perspective of the Research on Financial Function Efficiency and Industry Development ········ 36
3.2 Financial Function Efficiency and Building a Complete Industry System Based on Large Country Situation ······ 37
3.3 Financial Function Efficiency and China's Industry Expansion Based on Developing Country Situation ······ 40
3.3.1 The Role of Financial Development in Promoting Industry Expansion ········ 40
3.3.2 The Judge on Financial Function Efficiency in Promoting Industry Expansion：1998-2008's Empirical Study ········ 42
3.4 Financial Function Efficiency and China's Industrial Structure Adjustment with Rapid Economic Growth ······ 49

3.4.1 The Analysis on the Role of Financial Factors in Promoting the Harmonization of the Three Industrial Structure ······ 50

3.4.2 The Analysis on the Efficiency of Financial Factors in Intra-industry Optimization: Giving an Example on International Competitiveness of Some Manufactured Goods ······ 53

Chapter 4 The Research on Financial Allocation Efficiency and Industry Development ······ 57

4.1 The Deduction and Design of Financial Resource Allocation Optimization Model ······ 58

4.1.1 Generalized Definition of Financial Resource Allocation Efficiency ······ 58

4.1.2 The Deduction and Design of Financial Resource Allocation Optimization Model in Different Situations ······ 61

4.2 The Calculation of Financial Allocation Efficiency: Based on Mathematical Programming Model ······ 65

4.2.1 Variables, Available Data and Empirical Methods ······ 65

4.2.2 Simulation of the Industry Production Function ······ 66

4.2.3 A Simple Empirical Model of Static Optimization ······ 67

4.2.4 The Solution of the Optimization Model and Conclusions of the Credit Funds Allocation Efficiency ······ 68

Chapter 5 The Analysis on Financial Management Efficiency: A Comparative Study on the Efficiency of Financial Industry and Other Industries ······ 71

5.1 Financial Industry Is Very Important in China's Economy ······ 71

5.1.1 The Development of China's Financial Industry ······ 72

5.1.2 The Financial Industry Is One of the Mainstay Industries in Prosperous Cities ······ 74

5.1.3 The Financial Industry Is One of the Typical Characteristics in the Modern Economy ······ 78

5.2 The Research Methods of Financial Industry Efficiency ······ 79

5.2.1 Economic Perspective of Micro-financial Industry Efficiency ······ 80

5.2.2 Technical Perspective of Micro-financial Industry Efficiency ······ 82

5.3 The Calculations of Financial Industry Efficiency and a Comparative Analysis with Other Industries: Taking Some Representative Large Enterprise Groups for Example ······ 85

5.3.1 The Objects and Study Characteristics ······ 85

5.3.2 The Description of Financial Industry and Other Industries Efficiency ······ 89

5.3.3 Comprehensive Evaluation and Comparison of Financial Industry and Other Industries Efficiency ··· 96

Chapter 6 The Analysis on Financial Efficiency after the Financial Crisis ······ 101

6.1 Research Background: The Financial Crisis and the

Shift of China's Macro-economic Policy 101
6.1.1 The International Financial Crisis's Impacts on China's Economy: A Briefly Review from the Second Half of 2008 to the First Half of 2009 101
6.1.2 China's Response to the Crisis and the Shift of China's Macro-economic Policy 105
6.2 The Effectiveness of the Financial Support for Economic Development in the Post-Crisis: Based on Financial Function Efficiency Perspective 107
6.2.1 The Effectiveness of Moderately Loose Monetary Policy 107
6.2.2 Some Emerging Problems Deserved to Be Paid Attention 113
6.3 The Evaluation of Financial Allocation Efficiency in the Post-Crisis 115
6.3.1 Credit Funds' Dramatic Expansion and the Causes 115
6.3.2 The Evaluation of Credit Funds Allocation Efficiency 119
6.3.3 Credit Funds Allocated to the Government or State-owned Background Projects and the Reason: Interpretation of Game Theory Perspective 121
6.3.4 Ownership Differences and Input-output Efficiency Comparison: Interpretation of Historical Experience Perspective 129
6.4 The Evaluation of the Current Financial Industry Efficiency 131
6.4.1 Financial Industry with Strong Profitability 131
6.4.2 Financial Industry Still with a Lot of Problems 132

Chapter 7 The Policy Choices of Further Exerting the Financial Efficiency ······ 137

Appendices ······ 143

References ······ 183

Index ······ 191

Acknowledgments ······ 195

第一章 导 论

第一节 研究的主旨及意义

在历经60余年波澜壮阔的新中国建设和30余年激动人心的改革开放历程后，13亿炎黄子孙开创了世界经济发展史上令人炫目的"中国奇迹"，正昂首迈入新的历史时期。在此期间，我国经济社会发展历经诸多改革和创新举措，每一次的历史抉择、每一次的改革闯关，都为日后的成功实践积淀发展的动力。在诸多的发展要素中，金融问题显得至关重要，关乎国有企业改革成败，关乎市场经济体制建立和完善，关乎经济社会发展的长治久安。总体来看，金融发展在促进中国改革成功，支撑国民经济持续快速增长，支持国家发展战略意图中的重要产业行业快速发展等方面发挥着重要的正面作用。[①] 但是，金融改革发展领域依然存在着众多的深层次矛盾，比如市场化程度受限；主要金融资源配置效率不高；相当长时期金融领域改革步伐相对落后于整体改革步伐等。回顾我国金融发展历程，总结经验教训，为进一步发挥金融业的现代经济核心作用提供借鉴具有深远的历史意义。

---

① 世界银行就曾把金融因素作为中国改革成功的一个重要初始条件来看待。参见世界银行：《1996年世界发展报告：从计划到市场》，中国财政经济出版社1996年版。

“十二五”开局，置身新的改革环境中，我国既面临难得的历史机遇，同时世情、国情的深刻变化又使得我们的发展面临诸多可以预见和难以预见的风险和挑战；站在新的发展高度上，我国经济总量和综合国力不断提升，同时发展中的不平衡、不协调、不可持续问题依然突出；迎接新的历史起点前，我国体制机制的活力显著增强，同时经济社会中的深层次矛盾明显增多，坚持改革、促进发展，维护稳定的任务依然十分繁重。特别是新形势下，国际金融危机引发的金融市场乃至金融功能的破坏，导致了包括我国在内的世界各国实体经济受到严重冲击，世界各国为应对危机而采取的以向市场注入流动性为主导的宏观经济政策，试图挽救宏观经济走出衰退的泥淖。我国政府及时采取适度宽松的货币政策在内的扩大内需政策举措，快速缓解了经济下滑的态势，但在此过程中也出现了资产价格过快上涨、通胀预期高涨、资金配置不尽合理、主要金融资源的单位效益下滑等诸多问题。在此条件下，如何界定金融的作用，如何通过金融发展来促进实际经济的发展，尤其是通过金融发展来促进要素生产率的提高，并进而实现经济发展模式向高效、优质、可持续方向转变具有重要且紧迫的现实意义。

越是困难复杂的经济形势，越是千变万化的风险挑战，也越能为理论研究和调查分析工作提供更广阔的空间。诚如 20 世纪 30 年代的经济大萧条成就凯恩斯的“宏观经济理论革命”，20 世纪 70 年代的全球滞胀成就卢卡斯的“理性预期革命”一样，当前的这种复杂多变、波谲云诡的国际国内经济金融形势也许更能体现理论研究与调查研究的魅力，甚至成就新的经济学革命。效率问题是经济学研究的核心命题，历来受到经济问题研究者的关注。金融作为现代经济的核心，具有配置资源、支持经济增长、实现宏观调控的重要作用，但毕竟不直接创造物质财富；而各次产业作为国民经济的组成部门，具有根本的基础性地位，但是其发展往往又受到宏观经济运行中等诸多因素的影响，尤其是在产业资本的循环中，要实现“惊现的跳跃”，金融发展环境及提供服务的效率将起到至关重要的影响。[①]本书试图摸索出一条具有示范性的发展模式，其在实践中的运用能有效促进金融效率提升，并以此来推动作为国民经济基石的三次产业及经济社会的全面协调持续发展，具有较高的理论与学术意义。

第二节 研究的核心命题
——关于金融效率的界定

在本书中，金融效率是一个需要特别明确的概念。在有关效率研究的基础上，我们引入有关金融效率的内涵。

一、关于效率问题的研究

关于效率的定义，不同的文献有着不同的表述，如《辞海》对“效率”在经济方面的定义为“消耗的劳动量与所获得的劳动效果的比率，如工作效率”。《新帕尔格雷夫经济学大词典（二）》认为效率就是指资源配置效率，“资源配置效率意味着在资源和技术条件限制下尽可能满足人类需要的运行状况”。萨缪尔森将“经济效率”定义为“效率意味着不存在浪费，即经济在不减少一种物品生产的情况下，就不增加另

① 夏德仁在给王振山的《金融效率论》一书撰写的前言中提道：金融业改革、发展和目的究竟是什么？是不是仅仅要建立一些新的机构，从而使金融资产量在全社会的经济总量中的比重不断地加大？金融业在国民经济发展中至今到底发挥了多大的作用？当然，西方国家都把金融业作为一个产业来发展，因为按照他们的国民经济核算办法，金融保险业也是创造 GDP 的。这在完全的市场经济条件下，从金融本身的角度看当然没有错。但是，我们必须看到，金融业作为一个专事经营货币资本的行业，它毕竟不直接创造物质财富，如果说金融业对总体经济有推动作用，它也是通过金融业对实质经济的服务来提高实物资源的配置效率，从而促进总体经济发展的。因此，对一个金融体系进行价值判断，只能从其服务于实质经济的效率性角度进行。换言之，说一个金融体系好，唯一的标准就是这一金融体系是有效率的或效率高的，离开效率性来评判一个金融体系的是非没有抓住问题的实质。从中国的金融改革实践看，改革向前推进的每一步都在于提高了金融体系的效率性。参见王振山《金融效率论》，经济管理出版社 2000 年版。

一种物品的生产，它的运行便是有效率的，有效率的经济位于其生产可能性边界上。平狄克和鲁宾菲尔德认为资源配置效率为“消费者和生产者福利之和”。我国经济研究者中，樊纲等认为“经济效率是指社会利用现有资源进行生产所提供的效用满足的程度，因此，也可一般地称为资源的利用效率”。①

效率问题始终贯穿经济学研究的各个时期。从亚当·斯密 1776 年的经典代表作《国民财富的性质和原因的研究》就开始围绕效率问题展开，指出投资者在“看不见的手”的引导下，为了追求最大利润和消费最优，必然带来效率的增加。此后杰文斯（W.S.Jevons）以及门格尔（K. Menger）的边际学派、庇古（Pigou）的旧福利经济理论效率标准以及帕累托（Pareto）新福利经济学理论等进一步发展了效率理论的研究。其中较为著名的是帕累托效率标准，即资源处于效率配置时，再没有任何方法能使某些人福利增加而又不减少其他人的福利，即社会经济福利已经不能不在牺牲其他人经济福利的条件下得到进一步增加。针对帕累托效率的苛刻要求，卡尔多（Kaldor）以及希克斯（Hicks）进一步发展了效率理论，提出了社会补偿论的卡尔多—希克斯标准，指出如果发生一种经济变化，使得受益人对其所得收益的估价高于受损者对其所受损失的估价。若受益者补偿受损失者的利益有余，则这种变化意味着效率的增加，补偿可以自然而然地进行。西方关于效率研究的主要理论流派如表 1–1 所示。

二、关于金融效率的研究及其层次划分

在效率问题的研究中，涉及经济视角的定义多与经济资源的配置相关。针对专门的金融效率问题，在外文文献中，直接出现“金融效

① 关于效率的不同定义，可以参见：《辞海》，上海辞书出版社 1999 年版，第 4175 页。此外，效率的另一定义为物理方面，指一种机械在工作时的输出能量与输入能量的比值。约翰·伊特韦尔等编：《新帕尔格雷夫经济学大词典（二）》，经济科学出版社 1992 年版。保罗·萨缪尔森、威廉·诺德豪斯：《经济学》(第 18 版)，人民邮电出版社 2008 年版。平狄克、鲁宾菲尔德著：《微观经济学》，张军等译，中国人民大学出版社 1997 年版。樊纲：《公有制宏观经济理论大纲》，上海三联书店 1990 年版。

表 1–1　西方效率理论主要流派

序号	理论流派	创始人	代表作	主要观点
1	亚当·斯密效率理论	亚当·斯密	国民财富的性质和原因的研究（1776）	投资者在“看不见的手”的引导下，为了追求最大利润和消费最优，必然带来效率的增加
2	边际学派效率理论	杰文斯 门格尔	国民经济学原理（1871）	为获得最大经济效益，人们将会对资源做重新配置，将资源从获利较少的用途转到获利较多的用途。边际收益相等会导致社会资源配置最优
3	旧福利经济理论的庇古效率标准	庇古	福利经济学（1920）	资源最优配置的标准，即效率标准，是边际私人纯产值和边际社会纯产值相等，同时国民经济各个部门的边际社会纯产值相等。通过竞争和社会经济资源的自由转移，经济资源在各个部门的配置达到最优状态及效率状态
4	新福利经济学理论的帕累托效率标准	帕累托	政治经济学教程	资源处于效率配置时，再没有任何方法能使某些人福利增加而又不减少其他人的福利，即社会经济福利已经不能不在牺牲其他人经济福利的条件下得到进一步的增加
5	社会补偿论，即卡尔多—希克斯标准	卡尔多 希克斯	经济学的福利命题和个人间效用的比较（1930）	如果发生一种经济变化，使得受益人对其所得收益的估价高于受损者对其所受损失的估价。若受益者补偿受损失者的利益有余，则这种变化意味着效率的增加，补偿可以自然而然地进行
6	帕格森—萨缪尔森社会福利函数	帕格森 萨缪尔森	经济学（1948）	要考察一种状态是否优于另一状况，必须是这种状况的每一种商品组合与另一种状况的分配比较时，前者至少能使一个人有利而不对任何人不利。此时状态为有效率，而后者为没有效率。萨缪尔森在《经济学》中将“经济效率”定义为“效率意味着不存在浪费，即经济在不减少一种物品生产的情况下，就不增加另一种物品的生产，它的运行便是有效率的，有效率的经济位于其生产可能性边界上
7	伦敦学派围绕效率问题的研究	米塞斯 哈耶克	通向奴役的道路（1976）	部分学者认为社会主义不可能有效率；部分学者认为社会主义在理论上存在实现效率的可能性，能实现资源最优，实现效率的手段可以是经济计划、价格机制和竞争解决法
8	产权理论下的效率问题	科斯 威廉姆森	社会成本问题（1960）	产权制度通过激励功能和约束功能对市场运行效率发挥作用，其实质是激发人们利益最大化的动机，并通过产权的排他性安排来约束他人的机会主义动机
9	分工理论下的效率问题	阿伦·杨格	递增报酬与经济进步	杨格命题：分工和专业化是提高效率的基本途径，分工是一种制度，一种产权制度
10	市场理论下的效率问题	—	从重商主义、凯恩斯学派到新自由主义均有涉及	认为效率在“完全竞争”、“垄断竞争”、“寡头竞争”、“完全垄断”四大市场类型下，效率递减，但技术进步并不一致，寡头竞争条件下技术进步可能更高
11	创新理论下的效率问题	熊彼特 施瓦茨	经济发展理论（1912）	无论是生产要素的新组合还是企业家的创新，都能为企业提供快速、持续发展的动力，从而有利于效率的提高。
12	X 效率理论	莱宾斯坦	配置效率与“X 效率”	效率问题不仅体现在具体的生产过程中，还包括广泛的影响机制，如组织效率、制度效率、管制效率等多个方面

率”一词比较罕见（如在最为著名的国外两大期刊数据库 JSTOR 及 NBER 上以“financial efficiency”为关键词进行搜索，直接以 financial efficiency 为标题的文献几乎没有）。有关 financial efficiency 的文献多体现为某项金融领域的效率，如金融中介的效率（Efficiency of Financial Intermediation）、金融市场效率（Financial Market Efficiency）、金融媒介的操作运行效率（Operating Efficiency），抑或是金融机构的 X 效率（X–Efficiency）。这些范畴的效率定义通过各个具体层面反映了金融领域相关的效率问题。

鉴于效率问题多与某种资源的使用（包括配置、投入产出等）相关，金融效率的研究应当与金融资源相关。从金融资源来看，以白钦先等（2001）为代表的金融可持续发展理论认为，金融资源是区别于自然资源，具有战略性、脆弱性、中介性、社会性和层次性的特殊资源，其特殊性主要体现在金融既是资源配置的对象，又是配置其他资源的方式或手段。在此基础上，金融可持续发展理论将金融效率定义为“金融资源在经济系统与金融系统以及金融系统的内部子系统之间配置的协调度”。该定义有三层含义：其一，金融效率是质性发展与量性发展的协调统一；其二，从静态的角度，金融资源配置效率不仅应关注金融各子系统的协调，更应关注金融与经济这两个复杂的系统的协调；其三，从动态的角度，金融效率不仅应考察单个时点的金融经济的协调，即静态金融效率，也应考察一时段到另一时段金融经济的协调，即动态金融效率。因此，金融效率是金融量性发展与质性发展的统一、静态效率与动态效率的统一、微观效率与宏观效率的统一。在金融资源观的前提下，王振山（2000，2001）提出了另一种金融效率概念，即所谓金融效率，“就是指以尽可能低的成本（机会成本和交易成本），将有限的金融资源（货币和货币资本）进行最优配置以实现其最有效利用”。在进一步的分析中，王振山将一般均衡的分析方法用于金融效率衡量标准的确定，提出了衡量金融效率的帕累托最优标准“……金融资源配置的帕累托效率，就是在金融交易中，不存在一种交易在不以某些交易参加者的满意程度降低为条件就不能使另外一些交易参加者的满意程度提高。这时的金融市场状态就称为金融效率”。

此外，我国诸多研究者均涉足金融效率问题。如王广谦（1996）对金融效率问题进行了研究，将金融效率定义为金融运作能力的大小，并将金融效率划分为金融机构效率、金融市场效率、金融的宏观效率和央行对货币的调控效率四个层次；杨德勇（1997）将金融效率分解为宏观效率、微观效率和市场效率三个方面。叶望春（1998）将金融效率分解为金融市场效率、商业银行效率、非银行金融机构效率、企业融资效率、金融宏观作用效率和中央银行对货币的调控效率。

在各种对金融效率的界定中，周升业（2002）[①]的研究具有代表性，他指出，从不同的角度和层次考察，可以将金融效率划分为三个层次：第一个层次是金融功能效率，指金融在整个国民经济中的一般作用；第二个层次是金融配置效率，指金融体系中资源的配置状况；第三个层次是金融管理效率，指具体金融机构内部投入产出的效益。这与金融可持续发展理论关于金融效率的定义相呼应，同时也反映出宏观、中观及微观的金融效率层次划分。

第三节 研究的逻辑框架及主要研究内容

鉴于金融效率在功能、配置及管理三个层次上的划分，本书也主要从这三个视角出发，通过理论模型、计量实证分析以及调研获取的实际情况等多种分析方法，探讨金融效率与中国产业发展间的关系。一个概括性的研究逻辑框架如下：

本书共分七章。第一章导论介绍本书的研究意义、研究方法、主要研究内容及创新。

第二章着重梳理了有关研究文献。从金融功能效率、金融配置效率、金融产业自身效率三个层面，重点引述有关理论与实证研究文献，

① 周升业：《金融资金运行分析：机制效率信息》，中国金融出版社 2002 年版。

并介绍了代表性研究方法，为后文的分析研究奠定了理论基础。

第三章重点分析中国产业发展中的金融功能效率问题。在厘清国情特点后，提出了我国发展中大国情形下我国产业发展的三大目标，即大国情形需要中国建立完备的产业结构体系、发展中国家情形需要我国保持较快的经济增长及产业扩张、走向现代化的中国产业结构需要不断优化升级并增强竞争力。在明确中国国情及产业发展的目标基础上研究金融效率问题，就是研究金融功能在促进中国建立较完善的产业体系，促进中国经济实现快速可持续增长，促进中国的产业结构不断优化升级上的作用。通过历史回顾及逻辑分析，并通过金融发展理论视角下计量经济模型的研究，认为金融功能在促进中国产业发展的三大目标上总体是有效的。

第四章重点分析金融资源配置效率问题。本章的研究从最优化思想出发，运用运筹学理论建立了优化模型，提出了金融资源配置效率的判定方法。在实证上，通过计量方法模拟了中国 15 个制造业行业的生产函数，并利用 LINGO 软件求解了金融资源配置的规划模型，得到理论最优指标，通过比较增加值实际值与理论最优值，判断在上述行业中的金融资源配置状态。

第五章将金融产业自身作为国民经济的一个重要组成部分，分析其以盈利能力为代表的效率问题（投入产出效率）。在分析介绍金融产业成为我国国民经济的重要产业，尤其是发达城市经济的支柱产业后，通过选取及设计代表性的判断各行业效率的指标，统计分析了我国国民经济若干主要行业的效率指数，总体结论认为近年来我国金融产业是国民经济中投入产出比较高、盈利能力较强、经营效率较高的产业。

第六章从现实出发，分析新一轮国际金融危机爆发后，各国政府通过向市场注入大量流动性等扩张性政策手段应对经济衰退的大背景下研究我国当前的金融功能效率、金融配置效率、金融产业效率三大方面的成效与不足。总体认为，我国政府在出台系列宏观经济刺激政策后，迅速缓解了经济增速快速下滑的局面，宏观经济重回快速发展的势头。在此过程中，适度宽松的货币政策作用成效显著。但与此同时，金融资源的配置过于集中在某些政府融资平台、大型国有企业，资产价格快速攀升，通货膨胀预期高涨。金融业自身尽管获取了丰厚的收益，但我国金融发展的市场化程度还不高，竞争能力仍然有待加强。

第七章是根据全书分析得出的政策建议，旨在进一步发挥金融效率，促进国民经济健康平稳发展，大力促进关键行业部门发展，有效配置金融资源，提升金融产业竞争力。

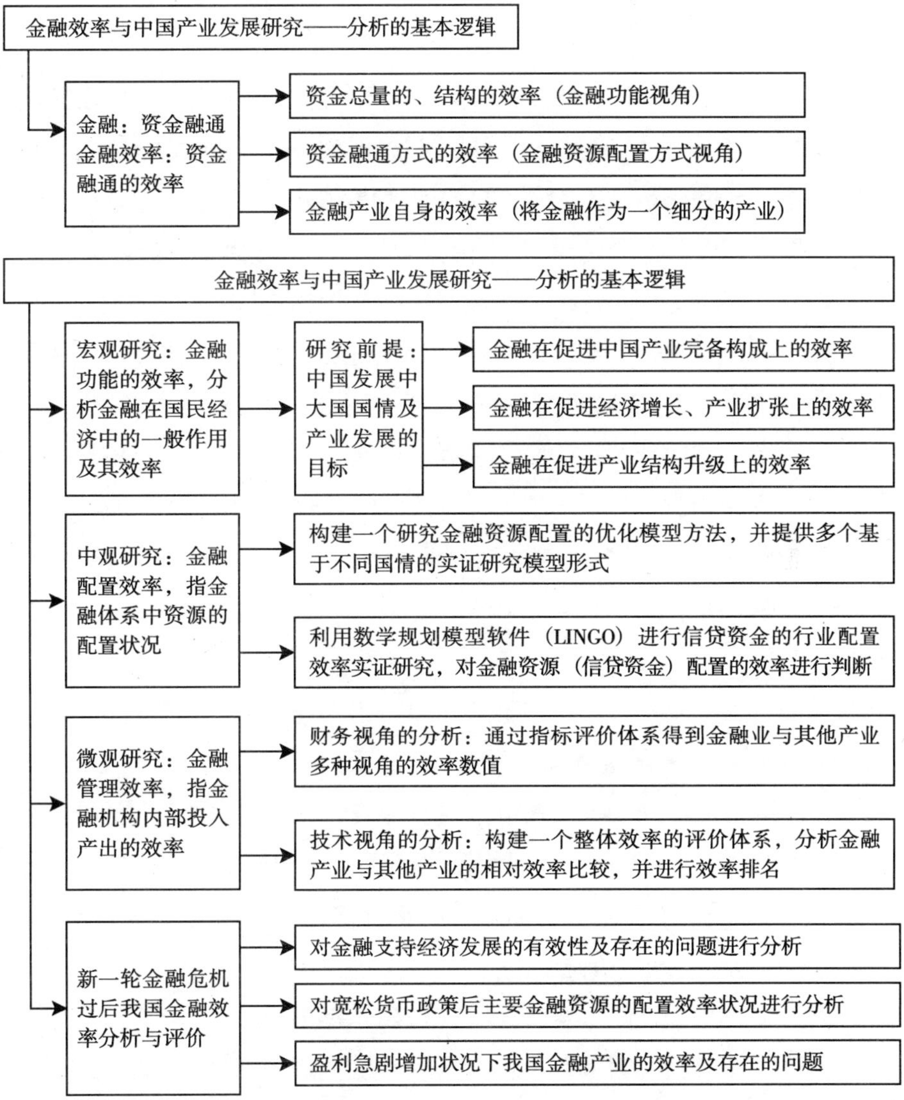

图 1-1 金融效率与中国产业发展研究的逻辑结构

第四节 研究的主要方法

本书坚持辩证唯物主义与历史唯物主义相结合、理论研究与实际调研相结合、定性分析与定量分析相结合的方法，多层面、广视角研究探讨问题。

第一，坚持历史唯物主义和辩证唯物主义相结合，采用逻辑与历史相统一的方法研究问题。本书既讨论研究一个较长时间区间的具有历史视角的理论问题，又为现实研究提供了理论与事实基础；也紧密结合最新形势发展，直接讨论分析现实问题，得到具有较高现实意义的政策启示。既采取归纳法，从一般现象得到逻辑本质，也采取演绎法，从国情基础出发，提出问题、分析问题、解决问题，得到具有很强逻辑性的对于我国金融效率问题分析与评价的思路。

第二，坚持理论联系实际，既注重理论模型分析，也特别注意深入实际进行调查研究。本书在充分运用货币金融理论、产业发展理论、发展经济学理论等多种现代经济学理论研究问题的同时，特别注重深入实际进行调查研究。在本书攻关过程中，研究者多次深入各类企业集团、财务公司、商业银行、有关政府部门及政策咨询机构进行座谈与调研，并广泛开展了问卷调查，获取了大量的一手资料，为本书的顺利开展奠定了重要的基础。

第三，坚持定性分析与定量分析相结合，既注重定性分析为本书提供方向性的指导，也注重利用现代经济学工具，广泛使用计量学模型和有关统计方法，在获取和梳理数据基础上进行定量实证研究，以期得到较为精确的分析结论。

第四，充分运用现代经济学语言及研究方法分析问题，计量经济学、运筹学、博弈论的模型及实证研究方法贯穿全书。在计量经济学方法上，使用了协整、Testdrop（add）模型变量检验等方法，并利用

EVIEWS 软件进行了实证处理，分析了金融功能效率问题；运筹学方法上使用了数学规划，并利用 LINGO 软件进行了实证处理，研究了金融配置效率问题；博弈论中借鉴了一次博弈、重复博弈、囚徒困境、纳什均衡等方法进行建模，研究了新一轮危机后宽松货币政策情形下扩张性信贷行为中的金融资源配置问题等。

第五节 研究的难点及创新

本书致力于梳理金融因素作用于产业发展的传导机制及其效率，并在此基础上提出切实可行的政策建议。应该说，放眼一个较长的历史时期审视研究主题，同时紧密结合时代背景，在应对国际金融危机的大背景下，将金融问题与产业问题结合起来进行研究具有相当的挑战性。在本书中，一个重要方面是在金融效率的多个层面均建立起具有较高现实符合性的理论模型，研究中涉及的大量实证分析需要熟练掌握多种现代经济学研究手段，并且寓于实证研究中的数据需求亦对本书的效果有较大的影响。为进一步凸显研究的现实针对性，研究者能否深入实际进行调研获取充分有效的一手数据及素材也是本书面临的重要挑战。在克服一系列研究困难的基础上，相关研究在如下几个方面具有一定的学术创新价值：

第一，将金融因素与产业发展问题相结合进行研究，属于交叉学科的探索工作。金融是现代经济的核心，产业是国民经济的基石，提升金融效率将有利于促进特定产业的发展，并进一步推动整个经济社会的发展。本书深入实际挖掘鲜活材料，并结合理论与计量模型等现代经济学分析手段，以促进宏观经济增长与三次产业发展为政策目标，聚焦金融效率，并从金融功能效率（宏观层面）、金融配置效率（中观层面）、金融产业效率（微观层面）三个视角陆续展开。本书拟揭示出的金融效率提升对中国产业发展的作用机制，以及在分析判定各层次金融效率中所构建的理论范式，将丰富金融经济学及产业经济学的研究视角，具有一定的理论研究创新性。

第二，在金融功能效率研究上，突出研究的逻辑性和针对性。本书从国情出发，得到发展中大国情形下中国产业发展三大目标，并通过多种研究手段分别分析金融功能对促进三大目标的作用机制。其中，在构建大国情形的完备产业体系的研究中，突出计划经济体制下，倾斜性金融政策措施对于在一穷二白的国情基础上迅速建立起较为完整的国民经济体系，尤其是完备的工业体系的重要作用，批驳那种不顾国情，而直接与发达国家金融体系相比较得到我国金融资源配置无效的空洞结论，研究结论相对中肯；在研究金融发展与产业扩张的关联关系中，借鉴金融发展理论研究的经典范式，并将实证研究中的因变量由经济增长引申为三次产业量的扩张上，且通过协整及 Testdrop（add）检验等方法验证不同金融要素的有效性；在金融要素对于产业结构调整的作用研究中，既注重从三次产业的比率关系视角，同时兼顾产业竞争力等因素，进行综合分析。

第三，在金融资源配置效率研究上，构造了金融资源配置的优化模型研究方法，并区分了大国模型与小国模型中的具体数学规划模型形式。在实证上，使用数学规划模型求解软件（LINGO）分析问题，并通过能够获取的信贷资金投向数据，研究了信贷资源近年来配置效率的状况。研究初步构建了一个检验金融资源配置效率的新模式，并区别与一般的 EVA 分析法以及 Jeffery Wurglerf 分析的范式，具有一定的创新性。

第四，在金融产业自身的效率研究上开辟了一个新视角。一方面与一般的 DEA 等生产函数研究问题不同，本书既从财务视角，又从技术视角分析研究问题；另一方面，与以往对金融产业效率研究多集中在某个具体的金融产业内部（如银行业内部通过 DEA 方法研究不同银行的管理效率）研究问题不同，本书分析比较了金融业与其他主要产业的效率状况。

第五，对新一轮国际金融危机后我国采取的金融支持经济发展的战略举措的有效性进行分析。其一是肯定了金融因素对于经济增长影响的整体有效性；其二是指出由于特定环境下金融资源配置出现的效率降低现象。同时通过历史经验以及博弈论模型进行了原因解释，指出中国经济与西方成熟市场经济体存在重大差异的制度性安排，厘清企业规模、所有制结构等一些具有中国特色的体制机制因素对于金融资源配置流向及价格的影响，为了解掌握当前中国金融发展中较为普遍的金融效率低下的状况及其原因提供了借鉴，有助于明确下一步的改革发展方向。

第二章　文献综述

针对金融效率的研究主要体现为三个层面：一是宏观研究，主要讨论金融功能的效率问题，其研究主要沿循 Goldsmith（1969）① 开创的金融发展理论，研究金融功能与经济增长的关系，认为一个好的金融体系可以减少信息与交易成本，有利于储蓄率的增加以及储蓄向投资的有效转化，进而推动资本积累、技术进步和经济的长期增长；二是中观研究，主要讨论金融资源的配置效率问题，即从资源最优配置状态出发，研究行业（或地区等）层面如何将有限的金融资源有效分配，从而获得最大产出（或其他政策目标）；三是微观研究，现代的研究方法主要从数据包络分析方法（DEA）等参数或非参数方法出发，研究代表性金融机构的操作或管理效率问题。

第一节　金融功能效率的研究

一、金融功能效率研究的沿革

宏观层面金融效率多体现为金融功能效率，即研究金融在整个国民经济中的一般作用，主要以研究金融发展与经济增长（进一步包含

① Goldsmith Raymond. *Financial Structure and Development*. New Haven：Yale University Press，1969.

产业结构调整）的关系为主，宏观金融效率强调金融的“有效性”。

早期的古典经济学家们主要将注意力集中在实体经济上，认为货币不过是蒙在实物经济上的一层面纱，是实体经济的符号，不相信金融与增长之间有什么重要的联系。如琼·罗宾逊（1952）宣称“企业领着金融走”（Where enterprise leads finance follows），银行是被动地跟随金融发展（Banks respond passively to economic growth）。甚至于卢卡斯（1988）仍然不相信金融与经济增长的联系有什么重要性，声称经济学家“恶劣地过度强调”（Badly overstress）了金融因素在经济增长中的作用。

然而更多的文献支持两者间的关联关系。如 Walter Bagehot（1873）、熊彼特（Joseph Schumpeter，1912）一直强调了银行体系的重要性，论证了功能良好的银行通过识别并向最有机会在创新产品和生产过程中成功的企业家提供融资而促进了技术创新。帕特里克（Patrick，1966）在《欠发达国家的金融发展与经济增长》一文中，提出了需求带动（Demand Following）和供给引导（Supply Leading）的金融发展问题。

Goldsmith（1969）在其开创性研究成果《金融结构与金融发展》中，认为金融体系规模与经济增长紧密相关，奠定了金融发展与经济增长实证研究的基石。其通过对大量统计资料的分析，发现在较长的时期中经济与金融发展水平大致平行，甚至在少数国家还观察到较快的经济增长与超出平均水平的金融发展相联系的情况。金融结构与金融发展对经济增长（发展）的影响即使不是金融领域中唯一最重要的问题，至少也是最重要的问题之一。发达的金融结构对经济增长与经济发展具有积极的促进作用，金融结构越发达，金融工具和金融机构提供的选择机会就越多，人们从事金融活动的欲望就越强烈，储蓄总量的增加速度就越快。在一定的资金总量下，金融活动越活跃，资金的使用效率就越高。因此，金融越发达，金融活动对经济的渗透力越强，经济增长和经济发展就越快。

麦金农（Mikinnon，1973）[①] 和肖（Shaw，1973）[②] 分别从金融抑制与金融深化两个不同的侧面研究了发展中国家金融深化问题，认为贫穷国家解决经济发展问题应通过政府解除金融抑制实现金融自由化。一些经济学家如卡普（Kapur）、马西森（Mathieson）、加尔比斯（Galbis）、佛莱（Fry）等对麦金农和肖的理论进行补充和完善，建立了比较规范的宏观经济模型。H.钱纳里、S.鲁宾逊、M.赛尔奎因在他们发表的《工业化和经济增长的比较研究》中，认为随着经济的发展、收入的增加和消费结构的提升，金融因素会推动产业结构和其他经济结构的不断升级，促进经济发展。

20 世纪 80 年代以后，沿着 Goldsmith 开拓的实证研究方向，一些经济学家继续挖掘金融与经济增长的深层关系，主要有 King 和 Levine（1993）、[③] Robert 和 Levine（1993）、[④] Levine（1997，[⑤] 1999）、Merton 和 Bodie（1995）、Hansson 和 Jonung（1997）等。King 和 Levine（1993）认为金融中介的发展水平是长期经济发展、资本积累以及生产率提高的良好预测指标（The level of financialinter-mediationis a good predictor of long-run rates of economic growth, capital accumulation, and productivity improvements）。此外，对金融发展和金融功能的研究表明，金融发展与经济增长呈显著正相关，金融发展的过程就是金融体系功能不断深化的过程，金融发展导致了经济增长，金融发展甚至对未来的经济增长都有解释能力。实际上，这些研究已基本否定了琼·罗宾逊（1952）等的结论，将金融发展视为经济增长的必要条件。越来越多的文献表明，一个好的金融体系可以减少信息与交易成本，进而影响储

---

① McKinnon, Ronald, *Money and Capital in Economic Development*, Washington: Brookings Institution, 1973.

② Shaw, Edward S, *Financial Deepening in Economic Development*, NY: Oxford University Press, 1973.

③ King, Robert G., and Ross Levine. Finance and Growth: Schumpeter Might Be Right, *Quarterly Journal of Economics*, August, 1993.

④ King, Robert G., and Ross Levine, "Finance, Entrepreneurship, and Growth: Theory and Evidence", *Journal of Monetary Economics*, 1993 (32).

⑤ Levine, Ross, "Financial Development and Economic Growth: Views and Agenda", *Journal of Economic Literature*, 1997 (35): 688-726.

蓄率、投资决策、技术创新和长期经济增长率。金融体系各个功能发挥的程度与经济增长有紧密的联系（Levine，1997）。

金融功能效率体现在以下方面：①金融发展与经济增长具有明显的正相关关系；②金融在经济发展中的作用是随着经济发展阶段和水平的提高而不断提高的；③金融对经济增长发挥作用的途径很多，但金融功能的发挥质量主要取决于其对资本形成和技术创新的影响程度；④金融在经济发展的不同时期，对经济增长发挥作用的方式有所不同。

国内经济学家也对金融在经济发展中的作用进行了实证检验，并得出了金融逐步成为促进经济发展的重要因素之一的结论，金融通过间接和直接的作用对总经济增长率大约作出了 20%的贡献（王广谦，1996；[①] 谈儒勇，1999[②]）。其中王广谦（1996）[③] 认为金融对经济的促进作用，体现在两个紧密相连的层面上，其基础作用是通过它自身所具有的特点如货币方便商品流通，信用促进资金融通等为经济运行提供便利条件；其延伸作用是通过金融运作直接推动经济增长。随着经济货币化和金融化进程的推进，金融对经济的推动作用正在快速增长。在王广谦的分析中，金融具有三个层面的作用，即金融在要素投入量增加中的贡献、在要素生产率提高中的贡献以及金融自身作为一个产业对经济增加的直接贡献。而第一层面、第二层面的功能隐含了金融功能要素及金融配置效率的内涵。其计算认为现代经济增长中，金融通过促进要素投入量的增长而对经济总增长率的贡献为 9.1%。通过促进技术进步和资源再配置及规模节约在生产率提高方面对经济增长的贡献合并计算，其贡献程度年均 0.067 个百分点，占总经济增长率的 1.92%。

---

① 王广谦：《现代经济发展中的金融因素及金融贡献度》，《经济研究》1996 年第 5 期。

② 谈儒勇：《中国金融发展和经济增长关系的实证研究》，《经济研究》1999 年第 10 期。

③ 此外，王广谦（1996）认为金融自身作为一个产业对经济增加有直接贡献。由于金融业的快速发展，金融产值占国民生产总值的比重不断增加。在 20 世纪 60 年代，这个比值大约占 10%，到 90 年代初，发达国家的金融业产值占国民生产总值的比重已达到 15%~20%。这个比值大约每年增长 0.3 个百分点。与同期国民生产总值平均增长 3.5%比较，说明金融产值增长对国民生产增长率的贡献系数大约为

二、金融功能效率研究的实证方法

宏观金融效率研究主要是通过协整等计量方法，将金融发展因素（变量）与经济增长因素（变量）进行计量实证研究。一般认为经济增长变量的选择多能形成共识，普遍选取各种口径的经济增长指标作为因变量。而金融发展因素则作为自变量进行研究。[①]

鉴于世界各国的融资结构可以划分为由银行主导的间接融资和以市场为主导的直接融资两种类型。因此在相关实证研究的变量选取中，金融发展因素（变量）往往被划分为两大部分：一是金融中介因素，即传统上的银行角度；二是金融市场的角度。

1. 金融中介因素

金融中介因素主要的代表指标包括金融深度、存款货币银行与中央银行的重要程度差异、金融体系分配资产的情况等。King 和 Levine（1993）发现，银行主导的金融系统与市场主导的金融系统都与经济增长呈正相关关系。关于金融中介发展水平的度量主要包括四大指标（其中第三项包括两个指标）：

（1）传统上认为的金融深度（Financial Depth），即正规金融中介的负债总规模与 GDP 的比率，一般用（M/GDP）表示（Financial depth, which equals the overall size of the formal financial intermediary system, i.e., the ratio of liquid liabilities to GDP）。其分析使用 M3 与 GDP 的比率表示。金融深度 LLY=M3/GDP。

（2）要区分金融中介的重要性。限于数据获取情况，这个指标检验了存款货币银行相对于中央银行在配置国内信贷资源上的重要性，因为存款货币银行（商业银行）相对中央银行具有更强的风险管理及投资信息服务能力（Distinguish among financial institutions conducting intermediation. Due to data limitations, this means examining the impor-

① 在全要素生产效率研究的范式中，金融发展要素被认定为自变量之一。

tance of deposit banks relative to the central bank in allocating domestic credit. Banks are likely to offer better risk management and investment information services than central banks)。

（3）金融体系分配资产的情况。可以用两种方法衡量：其一是流向非金融部门的私人公司的信贷占全部信贷的比重；其二是流向非金融部门的私人公司的信贷占 GDP 的比重 [Examine where the financial system distributes assets using two measures:（a） credit issued to nonfinancial private firms divided by total credit（excluding credit to banks） and （b） credit issued to nonfinancial private firms divided by GDP]。

2. 金融市场因素

在金融市场因素方面，则往往选取证券市场规模指标、流动性指标、国际市场一体化程度、证券市场波动性指标分析问题。Levine（1991） 和 Valerie R. Bencivenga 等 （1995） 认为更具流动性的证券市场能够提高人们对长期项目投资的激励。因为当需要资金时，投资者可以在项目完成前比较容易地售出其投资。通过提高流动性、便利投资于长期项目以及高回报项目能够促进生产率的增长。Michael B. Devereux 和 Gregor W. Smith （1994） 以及 Maurice Obstfeld （1994） 认为通过国际一体化的证券市场构建一个国际化的风险分担机制，能够促进安全低收益与高风险高收益的投资间的证券组合的形成，从而也能促进生产率的提高。理论上对证券市场的发展能否促进经济增长存在争议。一方面，这种流动性与风险模型也隐含着国际资本市场一体化会影响储蓄率。实际上，更具流动性以及更加国际一体化的金融市场产生的更高的回报以及更好的风险分担机制引发的储蓄率的大幅下降能够在整体上使得经济增长速度下降。另一方面，更具流动性的市场是否能促进投资于高回报项目从而提高生产率也存在争议。由于在更具流动性的市场上容易售出股份，股东也许没有动力去监督经理人。这种较弱的公司治理将妨碍资源配置效率与生产率的提高 （Andrei Shleifer 和 Robert W. Vishny， 1986； Amar Bhide， 1993）。Levine 和

Zervos（1996）认为，股市增长与人均 GDP 增长呈正相关，金融发展与人均 GDP 增长呈正相关，这意味着金融深化和发展有利于促进经济增长。而 Berglof 和 Bolton（2002）则认为，转型国家现存的银行导向的金融结构体系并不能推动经济增长，甚至某些金融深化的措施会伤害实体经济部门的增长。

从实证角度，Levine 和 Sara Zervos（1998）使用 47 个国家 1976~1993 年的数据研究发现证券市场的流动性（Stock Market Liquidity）、规模（Size）、变化幅度（Volatility）以及与国际资本市场的一体化程度（Integration with World Capital Markets）与当前及长期的经济增长（Current and Future Rates of Economic Growth）、资本积累率（Capital Accumulation）、生产效率提高（Productivity Improvements）存在较强的关联关系。在其研究中，证券市场发展使用了如下指标度量：

（1）规模指标（Size–Capitalization）。

$$\text{Size} = \frac{\text{国内证券市场上市公司市值}}{\text{GDP}}$$

（2）流动性指标（Liquidity Indicators）。衡量流动性有两种方式：

1）$\text{Liquidity} = \dfrac{\text{国内证券市场交易量（值）}}{\text{国内上市公司市值}}$

2）$\text{Liquidity} = \dfrac{\text{国内证券市场交易量（值）}}{\text{GDP}}$

（3）国际一体化程度（International Integration）。国际一体化程度衡量了市场一体化与经济增长的关系。在一个完全的一体化市场中，资本跨境流动，促使价格覆盖风险（Equate the Price of Risk）。如果存在资本管制或其他阻碍资本流动的障碍，则各国的价格与风险存在不一致性（The price of risk may differ internationally）。衡量一体化程度，使用了资本资产定价模型（Capital Asset Pricing Model，CAPM）以及套利定价理论（Arbitrage Pricing Theory，APT）。

（4）收益波动性（Volatility）指标。采用 12 个月滚动标准差作为收益波动性的指标（As a 12–monthrolling standard deviation estimate that is based on market returns）。特别地，其采用了月度收益的 12 阶自

回归方法（As 12th-order autoregression of monthly returns）。

总的来看，在金融因素划分及实证研究显示，在金融不发达的国家强调大力发展金融中介的间接融资有利于发展，在发达国家金融中介的增长与经济增长负相关。

第二节　金融配置效率的研究

一、金融配置效率研究的沿革

相对于金融功能效率，金融配置效率属于中观层面的研究。金融配置效率研究如何将金融资源通过不同方式和方法配置到经济发展所需要的各个子系统中去。古典经济学家在信用关系不发达的背景下，认为企业内部积累是企业资金的唯一来源，强调了企业储蓄对资本形成和经济发展的积极作用。凯恩斯主义经济学派分析了投资需求对国民收入决定的重要性，但舍弃了储蓄向投资转化的中间过程。一些发展经济学家则高度重视资本形成对于发展中国家经济发展的制约作用，认为发展中国家要摆脱资本短缺和经济不发达，必须注重提高资本形成能力。

第二次世界大战以后，金融资产和金融机构的数量和种类大大增多，但传统的经济金融理论并没有将货币和其他金融资产、银行和其他金融机构区分开来，与快速发展的经济金融不相适应。20 世纪 60 年代以后出现的金融发展理论分析了外部融资的必要性，并区分了直接融资和间接融资两种形式。在金融发展理论的进一步发展中，还论证了金融深化与金融自由化对发展中国家经济成长的重要性。

金融配置效率的系统论述来自于对金融功能的精细化研究成果。储蓄向投资转化的制度安排是否有效率，取决于在该制度下能否更大幅度地节约转化过程所需的交易费用，这首先涉及采取哪种方式实现转化的问题。从第二次世界大战后各国的情况看，储蓄向投资转化的趋势是由财政主导向金融主导过渡，金融主导形式体现出较高的转化效率，因而具有更强的生命力。在金融主导的形式下，转化过程的交易费用从以下环节得到了节省：第一，金融中介凭借其信誉或政府的支持，创造出名目繁多的金融工具，使储蓄者放心地将钱存放于中介体，节约了对分散的储蓄者的储蓄动员成本；第二，一些为减少摩擦、便利聚集资金的金融安排也使得金融中介集中使用机构投资者的储蓄成为可能，从而降低了动员机构储蓄所需的交易和信息成本；第三，金融中介集中获取和处理信息的能力降低了单个投资者的信息搜集成本，便利了对各类投资机会的发现，使投资更有可能流向实现其最高价值的地方（Diamond，1984；John Boyd 等）；第四，作为专业化的交换媒介，易于辨认的金融中介在克服“需求的双重巧合问题”方面具有优势，因而金融安排在总体上降低了交易与信息成本（King，1986；Williamson 等，1994）。目前，世界各国金融主导形式对金融资源的配置主要是由银行主导型和市场主导型金融体系来完成的，这两种不同的金融体系在不同的国家显示了迥然不同的配置效率，究竟孰优孰劣，至今尚无定论。

二、金融配置效率研究的方法

从金融资源配置效率的研究来看，代表性研究方法的主要思想是认为金融资源配置效率的提高意味着在高资本回报率的行业（项目）内继续追加投资，在低资本回报率的行业（项目）内及时削减资金流入。Jeffrey Wurgler（2000）从这一思想出发得到了定量化描述资本配置效率的方法，并且发现与发展中国家相比，发达国家之所以发达并非是由于它吸收了更多的投资，而是由于发达国家的资本配置效率明显比发展中国家高。针对中国金融资源（包括资本、信贷、股票市场等）配置效率的研究基本采用了 Jeffrey Wurgler 的范式进行分析，如韩立岩等（2002）、潘文卿等（2003）、郭伟（2007）等，他们多利用面板数据（Pool Data），并结合经济增加值（EVA）方法研究了问题。上述方法的运用对于分析中国各个行业各个地域的金融资源配置效率问题起到很好的参考作用。

金融配置效率具有两个特点：①金融资源的配置方式，即储蓄向投资转化的形式是重要的。在财政主导形式和金融主导形式之间，金融主导形式由于在降低交易费用方面具有优势因而显得更有效率。②在金融主导形式下，金融配置效率主要通过降低储蓄动员成本、发挥信息获取优势、便利交易过程来获得。

第三节 金融管理效率的研究（金融产业自身的效率）

对金融产业（或是具体金融机构）的效率研究方法，主要分为两大类：一是经济（财务）视角的分析，通过具体计算金融业（金融机构）的盈利能力等相关指标，得到其绝对意义上的效率状况；二是所谓技术（生产）视角的分析，一般采用前沿分析方法（如数据包络分析法等）对不同金融机构的效率进行统计分析，得到相对概念的效率比较结论。当前对微观金融效率的研究，多在分析一定财务指标的基础上，综合运用两种方法进行研究。

一、经济视角的金融产业效率研究

对于经济（财务）视角的效率分析一般分为两类：一是对整体金融产业的分析；二是针对具体金融行业的分析，如专门针对商业银行的经济（财务）效率分析等。其中第二类的研究更多。

1. 对整体金融产业的经济（财务）分析

从经济（财务）视角来看，对我国金融产业的整体分析，一是针对不同类型金融机构间的对比进行全局性分析。较早时期的文献，如吴润生（2000）[①]认为改革开放以来，中国金融业的劳动产出率和劳动增值率均呈现出不断增长的态势。劳动产出率从1978年的2.27万元/人增长到1996年的26.30万元/人，年平均增长率为19.3%；而劳动增值率却从1978年的1.02万元/人上升至1996年的16.04万元/人，年平均增幅为16.2%。此外，吴润生（2000）[②]对我国不同类型的银行业金融机构、证券保险公司的经营效益进行统计分析，认为中国金融业增加值率和资产产出率的平均水平（1996年）分别为0.609%和0.058%，同时效益结构也存在明显差异，增加值率最高的为其他商业银行（0.736%），最低者则为城乡信用社（0.507%），国有商业银行为0.624%，证券保险等其他金融机构为0.614%；资产产出率最高者为证券保险等其他金融机构（0.088%），最低者则为国有商业银行（0.051%），其他商业银行为0.082%，城乡信用社为0.062%。在中国金融体系中，国有商业银行虽然拥有大量的金融资产，但其增加值率却仅仅高于平均值0.015个百分点，其资产产出率甚至低于平均水平（0.007%）。二是针对某个区域，尤其是对发达区域金融业增加值、就业水平等的研究。如刘云生（2009，2010）[③]对广东省的金融业发展情况进行研究，其选取广东省存贷款量、金融业增加值、从业人员数量、金融机构数量等指标分析省域金融发展水平，并与全国其他地区进行了对比，认为：广东金融成熟度高于其他省市，但领先优势在缩小，并面临诸多问题与挑战，必须利用好自身优势，适时调整金融结构，提升金融市场效率。此外，如李卓莉等（2006）[④]对辽宁省的金融服务

① 吴润生：《中国金融业就业结构与生产效率的宏观分析》，《统计研究》2000年第9期。

② 吴润生：《对我国金融产出结构与运作效率的分析和思考》，《宏观经济研究》2000年第10期。

③ 刘云生：《广东省金融成熟状况分析》，《华南理工大学学报》（社会科学版）2009年第8期；任兆璋、刘云生：《广东金融成熟度综合指数研究》，《金融研究》2010年第3期。

④ 李卓莉、丁宁、柳凤娇：《中国发展区域金融服务业的效率分析——来自辽宁省的例证》，《商场现代化》2006年版。

业的效率进行分析。三是通过分析制度层面，包括改革因素对金融效率的影响进行分析。如杨晓敏（2007）[①] 通过选取金融机构经营的有关财务指标，并在金融资产结构与经济增长模型中引入能够综合反映制度变迁的制度变量，证明国家制度变迁对一国金融资产结构与经济增长会起到促进或制约的作用。当制度供给与金融资产结构和经济增长对制度的需求达到均衡时，国家制度安排会优化金融资产结构、促进经济增长，否则便会出现规模与效率的“反比”现象。

2. 对具体金融行业的财务分析

更多的分析研究专注于具体金融业的分析，尤其是对银行业的分析。如周四军（2008）[②] 对我国商业银行的效率研究，通过不同的财务指标（如盈利能力、资产质量与安全性、费用控制能力、资产流动性、银行发展能力等）逐个分析我国各家商业银行的经营效率状况，并进行了比较研究。周楠等（2008）[③] 运用因子分析方法，以 2008 年上市的 14 家商业银行公布的财务报表为数据，选取了 14 个重要财务指标，分别从盈利能力、偿债能力、营运能力、市场价值和成长能力五个方面对 14 家上市银行的综合财务和投资价值进行分析，综合排名依次是：招商银行、北京银行、南京银行、兴业银行、宁波银行、中信银行、浦发银行、中国建设银行、深圳发展银行、民生银行、交通银行、中国银行、中国工商银行、华夏银行。朱晓会（2009）以我国已上市的四家国有商业银行为研究对象，选取它们在 2004~2008 年上市前后的财务指标进行对比，从而得出结论：国有商业银行上市后绩效明显，在安全性、营利性、流动性的经营目标等方面均有提高。实际上，根据中国银监会的统计，截至 2009 年年末，五家大型银行资本充足率为 11.25%，资产利润率达到 1.11%，资本利润率达到 19.58%，成本收入比达到 37.02%；不良贷款率为 1.75%；不良贷款拨备覆盖率达到 144.89%，其中四大上市商业银行（中国工商银行、中国银行、中国建

---

① 杨晓敏：《中国金融业资产的规模与效率》，《金融论坛》2007 年第 5 期。
② 周四军：《中国商业银行效率研究》，中国统计出版社 2008 年版。
③ 周楠、鞠守勇：《我国上市银行综合财务评价和投资价值分析》，《河北金融》2008 年第 11 期。

设银行、交通银行，不包括2010上市的中国农业银行）平均拨备覆盖率为163.41%。七项指标均达到甚至超过国际一流银行水平。[①]

对其他金融行业的财务效率分析体现在金融控股集团、保险公司、证券公司等多方面。一是针对金融控股集团的分析，如蔡文杰、邝国良（2005）[②]对大陆有代表性的金融控股集团进行了财务分析，邱华创（2006）[③]对台湾的金融控股企业的经营效率进行了分析。二是针对保险公司的财务效率分析，如陈迪红等（2002）、[④]罗克夏（2005）[⑤]对保险公司进行了动态财务分析。三是针对证券公司的经营效率分析，如欧洁、朱久满（2003）、[⑥]浦洪文等（2005）。[⑦]上述针对具体金融行业的财务分析丰富了整体金融产业财务效率的有关研究。

二、技术视角的金融产业效率研究

将银行、证券、保险以及其他各种类型的金融机构当做一个整体，研究其效率的文献并不多见。一般多是针对某个具体类型，如银行业，采取DEA等不同研究方法进行分析。近年来，针对不同类型领域金融机构效率的研究文献不断涌现。

1. 银行业效率的有关实证研究

在金融各行业的效率研究中，近年来针对银行业效率的研究文献最为丰富，视角也最为全面。主要研究方面包括：

（1）规模经济与范围经济对银行业效率的影响。现代企业管理理论认为，企业效率的高低最终要体现在其获取的利润水平上，以银行

---

① 《刘明康谈农行》，《财经》2010年第15期。
② 蔡文杰、邝国良：《中国金融控股集团的模式及发展趋势研究——对中信集团财务报表的分析与思考》，《华南理工大学学报》（社会科学版）2005年第2期。
③ 邱华创：《基于战略视角探讨企业购并后的经营效率——以台湾金融控股企业为例》，《太平洋学报》2006年第2期。
④ 陈迪红、潘竟成：《保险公司动态财务分析初探》，《财经理论与实践》2002年第3期。
⑤ 罗克夏：《动态财务分析在保险公司管理中的应用》，《保险职业学院学报》2005年第6期。
⑥ 欧洁、朱久满：《证券公司财务监控与分析系统研究》，《中国审计》2003年第19期。
⑦ 浦洪文、郑大鹏、孙冬梅：《我国证券公司财务风险特征分析》，《商业经济》2005年第9期。

为代表的金融企业也不例外。企业的规模经济和范围经济对提高利润水平至关重要。规模经济认为随着资产规模的扩大，企业的平均成本会随之下降；相应地，平均收益也将随之增加。因此，提高效率的关键在于扩大资产规模。Benston（1972）最早研究了银行业的规模效率，结论是：不管自身规模大小，给定其他条件不变，银行规模扩大1倍，平均成本将下降5%~8%。但事实上，随着规模的扩大，也会出现规模不经济的情况。因此，确切地讲，当规模处在合理范围内时，规模经济是提高银行效率的关键因素。范围经济也能体现在银行效率差异上。范围经济认为给定的产品组合由一个机构生产，其成本要比由多个专业化的机构分别生产低。平均成本递减的原因除固定成本分摊外，信息互补导致的成本节约也很重要。因此，一家银行同时提供存款账户和信用贷款要比单一经营存款账户或信用贷款节约成本。提高银行效率的关键是扩大业务范围，但范围的扩大也可能导致范围不经济。

（2）所有制结构对银行效率的影响。由于我国银行业金融机构在规模、所有制结构等方面可以分门别类，不同的银行效率状况存在较大差异。实证研究主要结论包括：张健华（2003）①采用DEA分析方法研究1997~2001年中国不同性质银行的效率，发现效率最高的是股份制商业银行，其次是四大国有商业银行，最低的是城市商业银行；同时中国银行业存在X无效率。姚树洁等（2004）②使用22家银行1995~2001年的数据，利用随机前沿生产函数研究了所有制结构和硬预算约束对银行效率的影响，结论表明：非国有银行比国有银行效率高11%~18%；面临硬预算约束的银行的绩效比国家和地方政府投入大量资本的银行好。王聪、谭政勋（2007）③对中国14家商业银行1990~2003年的利润效率、规模效率、范围效率及其动态变化进行了研究，

① 张健华：《我国商业银行效率研究的DEA方法及1997~2001年效率的实证分析》，《金融研究》2003年第3期。

② 姚树洁、冯根福、姜春霞：《中国银行业效率的实证分析》，《经济研究》2004年第8期。

③ 王聪、谭政勋：《我国商业银行效率结构研究》，《经济研究》2007年第7期。

发现股份制商业银行的效率高于国有银行，但国有银行在大多数年份的规模效率好于股份制银行。

（3）竞争、改革与开放对银行业效率的影响。张健华、王鹏（2009,[①] 2010[②]）采用随机前沿方法分析中国三类银行（四大国有商业银行、股份制银行、城市商业银行）的全要素生产率，认为中国金融体制变革对中国银行业技术效率的提高起到重要的促进作用；在技术效率层面，股份制银行在盈利能力和业务扩张方面的效率在所有类型银行中最高，四大国有商业银行在业务扩展能力方面优于城市商业银行，但在盈利能力方面差别不大；中国银行业在业务扩张的同时忽视了收益回报，以至于出现了业务扩张的高效率与盈利方面的低效率并存的情况；引进外资股权或上市既体现出选择效应（发生变化的银行本身效率就较高），治理结构变化后又体现出改善效应。刘澜飙、王博（2010）[③] 参照 Montiola 的理论框架，提出了三个有关外资银行进入的理论命题并运用面板数据包络技术以及 Malmquist 指数，对中国 12 家主要银行引进国外战略投资者的效果进行检验分析，发现中国国内银行效率的下降确实导致了对外资银行进入管制的放松，但目前外资银行进入对国内银行总体效率影响还不明显，“门槛”效应可能存在。黄隽、汤珂（2008）[④] 通过对韩国、中国台湾和中国大陆 1996~2005 年银行业市场竞争与效率的关系及其发展趋势进行比较，可以发现，经历了自由化和国际化后，中国台湾银行业整体竞争程度较高，但是过度的开放导致竞争与效率逐渐呈负相关走势；由于政府的长期直接干预和自由化中的监管缺失，韩国银行业在亚洲金融危机中受到重创，大规模重建后，银行业垄断趋势明显，竞争与效率的关系由负相关转向正相关；中国大陆银行业的市场开放度较低，竞争与效率呈明显的正

① 张健华、王鹏：《中国银行业前沿效率及其影响因素研究》，《金融研究》2009 年第 12 期。

② 张健华、王鹏：《中国银行业广义 Malmquist 生产率指数研究》，《经济研究》2010 年第 8 期。

③ 刘澜飙、王博：《门槛效应、管制放松与银行效率的改进——理论假说及其来自中国的经济研究》，《金融研究》2010 年第 3 期。

④ 黄隽、汤珂：《商业银行竞争、效率及其关系研究——以韩国、中国台湾和中国大陆为例》，《中国社会科学》2008 年第 1 期。

相关关系，竞争有利于提高效率。

（4）X 效率。银行 X 效率理论认为，如果银行没能以最节省成本的方式生产既定产出，那么银行处在 X 低效状态，或者是浪费了投入，或者是产出时使用了错误的组合。银行 X 效率有两种表现方式：一种是技术无效率，指银行对所有投入成比例过多使用，属纯粹浪费；另一种是配置无效率，指在既定的产出水平和产出结构条件下，银行错误地对投入进行了组织，使投入产生浪费（周升业，2002）。博格（Berger，1995）等对美国银行业的进一步研究发现，利润与规模、范围之间的正相关关系虽然重要，但也只能是第二、第三重要的，而管理的无效率导致的效率损失约为总成本的 20%。因此，银行的 X 效率的研究得到了重视。Berger 和 Humphrey（1994）与 Young（2001）等也证明，X 效率是决定金融机构经营绩效至关重要的因素。

2. 保险业效率的有关实证研究

保险公司是相对银行之外另一种大型金融机构。其效率研究主要分为：

（1）保险公司的业务经营效率研究。刘志迎等（2007）[①] 利用随机前沿分析方法对我国 16 家财险公司 1999~2004 年的成本效率进行了测算，并分析了影响财险公司成本效率的主要因素。研究结果表明：①随着中国保险市场的开放，外资财险公司的成本效率提升明显，而中资公司提升幅度较小；②公司规模对财险公司的经营效率有显著的负面影响，而车险业务比重对其有显著的正面影响；③中资财险公司的成本效率普遍低于外资财险公司，老公司的成本效率要优于新公司。赵桂芹（2009）[②] 利用数据包络分析（DEA）方法计算了 2002~2007 年我国产险业的经营效率，结论显示样本期间产险业人员和资本均呈现投入过度，资本的投入过度程度在 2006 年和 2007 年有所降低；资本

① 刘志迎、孙文平、李静：《中国财产保险业成本效率及影响因素的实证研究》，《金融研究》2007 年第 4 期。

② 赵桂芹：《我国产险业资本投入效率及对经营业绩影响的实证分析》，《金融研究》2009 年第 12 期。

投入过度对公司的权益报酬率和收入效率均产生了显著的负面影响，资本投入不足对经营业绩的影响不显著。黄薇（2009）[①]采用中国保险机构 1999~2006 年共 246 个样本数据，通过建立资源型两阶段 DEA 的效率评估模型，测算了保险机构资金运用过程的两阶段效率水平和变化轨迹，其研究认为：中国保险业无论是资金筹集阶段和资金收益阶段的子效率，还是资金运用的整体效率，得分都不高，全行业仍然有大量的资源因管理不善而被浪费；与外资机构相比，中资保险机构在资金运用上的整体效率优势表现出 V 形趋势，具体表现为中资保险机构在资金筹集阶段的效率优势不再显著，在资金收益阶段则被外资机构反超并表现出一定效率差距；虽然中资机构在资金筹集阶段的效率占优，但在收益阶段的效率亟须提高，特别是中资财险机构在资金筹集阶段和收益阶段均面临严峻的考验。

（2）业务差异及所有制差异对保险机构效率的影响研究。姚树洁等（2005）[②]利用 1999~2002 年 22 家保险公司的数据研究了中国保险业的技术效率。非人寿保险公司的技术效率平均水平为 0.72，人寿保险公司为 0.67。这与研究其他国家保险业得出的结果基本相同。最有效率的公司包括不同类型的企业：大的和小的、国有的和非国有的。这表明中国保险市场并没有被个别公司完全控制。DEA 分析也提供了怎样提高效率低下公司效率的途径。DEA 分析结果给每一家效率低下的公司确定了一家参照公司以供比较或学习，而被参照的公司是绩效最好的公司之一。

（3）对保险公司全要素生产率的研究。黄薇（2008）[③]通过实证研究发现，中国保险业全要素生产率在 1999~2006 年有所提高，其中“追赶效应”较为明显，而“增长效应”还未完全显现，说明保险机构更加注重提高自身技术效率水平而非创新能力提高生产的有效性，依然没有处理好效率进步与技术进步的关系，保险机构需要进一步提升

① 黄薇：《中国保险机构资金运用效率研究：基于资源型两阶段 DEA 模型》，《经济研究》2009 年第 8 期。
② 姚树洁、冯根福、韩钟伟：《中国保险业效率的实证分析》，《经济研究》2005 年第 7 期。
③ 黄薇：《中国保险业全要素生产率研究》，《当代经济科学》2008 年第 6 期。

技术创新的能力。

3. 证券业效率的有关实证研究

王晓芳、程可胜（2009）[①] 利用 DEA 和基于 DEA 的 Malmquist 生产率指数，运用 32 家主要证券公司的相关数据，对中国证券业 2004~2006 年的技术效率进行了分析和评价，并认为，中国证券业的整体效率水平尽管还比较低，但已经显示出不断提高的趋势；证券公司效率的两极分化趋势已初露端倪；越来越多的证券公司开始出现规模报酬递减；技术变化对生产率变化的影响超过了效率变化，成为生产率变化的主要原因。针对证券业行业规模与效率的关系，李亦欣（2003）[②] 认为国内券商间大规模地兼并重组证券业合理产业结构的形成，有利于提高整个行业效率。

① 王晓芳、程可胜：《中国证券业效率的动态分析》，《产业经济研究》2009 年第 2 期。
② 李亦欣：《我国证券业整合问题初探》，《内蒙古财经学院学报》2003 年第 4 期。

第三章　金融功能效率与中国产业发展研究

回顾新中国成立以来的经济建设实践，无论是新中国成立初期中国人民尝试尽快建立完备的工业体系的努力，抑或是改革开放以来解放思想、解放生产力、发展生产力的伟大历程，其成功的重要经验就是要力图实事求是从国情出发，不断提高经济建设的效率。当前，进一步推广金融促进经济发展的成功经验，研究仍然广泛存在金融效率低下的状况，吸取金融效率缺失的教训，对于我们进一步推进改革、促进发展具有十分重要的意义。

第一节　研究的逻辑及命题的提出

一、研究的逻辑起点——基本国情的判断

国情是一个国家在一定社会历史时期内客观存在的社会经济发展总体状况，包括国家内部的自然环境资源、人口、经济、政治和社会文化生活等各个方面的基本状况和结构关系，以及国家和外部国际环境的基本联系，反映了这个国家当时所处的社会发展阶段。基本国情

则是对国家一定社会历史时期内社会经济发展总体状况的基本概括。①经济视角上关于中国的国情界定主要有两条：

第一，中国属于大国情形。从经济总量角度分析，一个国家经济国情的基本分类是大国经济与小国经济。一个并不全面但却简单有效的判断方法是通过人口数量、国土面积和国内生产总值三个指标判断一个国家的基本国情。人口居世界第1位、国土面积居世界第4位以及1995年以来国内生产总值一直居世界前10位之内，这些基本的数据使中国的大国经济地位毋庸置疑。②

第二，中国仍将在相当长时间内属于发展中国家。发展中国家的特定国情表现在：一是经济发展水平仍然较为落后，中国的人均GDP仍然较低，在全世界所有国家中仍然居于中后列。根据世界银行发布的《世界发展报告2004》的数据，中国被划定为中低收入经济体，2002年中国大陆人均收入仅为940美元。二是中国的经济体系仍然有待继续健全，尤其是在新中国成立之初，没有一个相对健全完整的经济体系，处于一穷二白的境地。三是中国存在广泛的二元经济结构现象，无论是在区域、产业、行业等各方面都存在巨大的不平衡。③

---

① 罗归国：《中国现代化若干重大理论问题》，中共中央党校出版社2004年版。

② 国土面积、人口、经济总量的数据来源于国家统计局：《国际统计年鉴（2009）》，中国统计出版社2009年版及国际货币基金组织：《世界经济展望——金融压力、经济下滑和恢复》，中国金融出版社2009年版。从国土面积来看，国土面积居世界前10位的国家是俄罗斯、加拿大、美国、中国、巴西、澳大利亚、印度、阿根廷、哈萨克斯坦、苏丹，中国居世界第四，属于典型的幅员辽阔国家；从人口来看，人口数量居世界前10位的国家是中国、印度、美国、印度尼西亚、巴西、巴基斯坦、俄罗斯、孟加拉国、尼日利亚和日本。其中2007年末中国人口总量占世界总人口的20.4%，占新兴经济体和发展中经济体的24.0%，居世界首位；从经济总量来看，1995年以来中国GDP一直居于世界前10位。如果以购买力平价计算中国的GDP，2007年中国GDP占全世界的10.8%，占新兴经济体和发展中经济体的24.8%，居世界第二，新兴经济体和发展中经济体第一。

③ 根据国家统计局2009年9月7日报告——《新中国60周年系列报告之一：光辉的历程宏伟的篇章》的数据，新中国成立60年来，我国GDP以年均8.1%的速度增长，经济总量增加77倍，截至2008年，我国经济总量位居世界第三（2010年中国GDP已经超过日本，成为世界第二大经济体）。按照世界银行的划分标准，2008年我国人均国民收入为2770美元，已经由长期以来的低收入国家跃升至世界中等偏下收入国家行列。尽管当前的中国国民收入跃升了一个层次，但仍然在长期处于发展中国家的情形的判断应该不会改变。中国仍然迫切需要较快的经济增长速度来支持改革发展的进程。

二、基于国情基础上金融因素促进中国产业发展的三大目标

第一，大国情形需要中国建立完备的产业结构体系。联合国工业发展组织认为在大国之外，还有三类小国情形，即拥有少量资源的小国、拥有丰富资源并以工业生产为主的小国、拥有丰富资源并以初级产品生产为主的生产小国。小国可以依据自身的比较优势发展特定的产业，并主要依赖国际间的贸易往来以及经济合作来满足自身经济的发展。相对而言，大国情形具备人口众多、国内市场容量巨大，地域广阔、资源丰富，经济规模大等特征，由于国内市场规模大，为具有规模效应的现代化大工业提供充足的成长空间，因而大国一般具备相对齐全的现代工业部门体系（陈佳贵、黄群慧，2005）。[①] 作为大国，中国需要构建一个完备的产业体系，既包括三次产业间的，也包括各个产业内的。尤其是新中国的成立，更加是在一穷二白的基础上发展起来的，因此尤其需要在新中国成立之初迅速建立一个较为完备的工业体系，为日后国民经济的全面发展奠定基础。

第二，中国的发展中国家情形需要我们保持较快的经济增长。较快的经济增长一方面能够促进整体产业总量的提升；另一方面，快速的经济增长能够较快积累资本，促进比较优势及资源禀赋（尤其是资本要素）的动态转化，从而自发地促进产业结构的动态变迁（谷克鉴、余剑，2008）。

第三，走向现代化的中国产业结构需要不断优化升级并增强竞争力。产业结构的优化升级既包括三次产业间的比例协调，也包括各次产业内的不断优化升级。三次产业间的结构变迁理论，无论是钱纳里等关于经济发展阶段的 6 个变动时期判断，或是基于霍夫曼定理的工业结构演进理论，抑或是罗斯托的经济现代化理论，都要求三次产业间的比例关系存在一定的动态调整。而各次产业内的不断优化则隐含

① 陈佳贵、黄群慧：《工业发展、国情变化与经济现代化战略》，《中国社会科学》2005 年第 74 期。

了该产业由大向强的转变。

在明确中国国情及产业发展的目标基础上研究金融效率问题，就是研究金融因素在促进中国建立较完善的产业体系，促进中国经济实现快速可持续增长，促进中国的产业结构优化升级上的作用，并对其效率状态进行判断。[①]

三、金融功能效率与产业发展研究的命题视角

在确定中国国情及产业发展的目标基础上研究金融效率问题，简而言之就是研究如何通过发挥金融效率对中国产业发展的作用，即金融效率如何促进中国建立较完善的产业体系，如何促进中国经济的快速可持续增长，如何促进中国的产业结构优化升级。

由此，本研究将金融效率引入到产业发展问题，将从如下几个方面进行考察：

第一，金融功能效率与中国完备产业体系的构建。特别关注在新中国成立之初从一穷二白的基础上，政府引导的资源（包括金融资源）在构建中国完备的产业结构体系上的效率判断。

第二，金融功能效率与经济增长。拟从金融发展理论出发，使用 Goldsmith 以及 KING 等的模型，包括金融中介组织的发展、资本市场的发展，金融深化、M2/GDP 等作为金融发展的代理变量来研究中国的金融发展如何促进了中国的经济增长。

第三，金融功能效率与产业结构调整。一方面关注三次产业间的结构优化，使用计量证据，通过 HOV 模型研究与金融发展有关的效率判断；另一方面也关注产业内的结构优化与金融效率，拟以第二产业为例，以产业竞争力为指标，研究工业大国向工业强国转变过程中的金融效率问题。

---

① 实际上，金融业作为第三产业的重要组成部分，其自身的发展也能够成为推动产业发展的重要因素，如王广谦（1996）的分析认为金融产值增长对国民经济增长率的贡献系数大约为 0.086。关于金融产业自身的效率及其贡献情况，将留待后文讨论。

第二节 金融功能效率与大国情形下中国完备产业体系的构建

在中国建立一个比较健全的产业结构体系，其主要的金融政策就是国家通过金融宏观调控手段主动引导金融资源流向国家需要重点扶持的产业，具体措施就是通过利率、汇率、信贷政策等货币政策手段施行差别性的金融资源导向，从而实现国家战略目标。从一个整体上推进一个产业体系的建立，尤其是现代工业体系的建立，主要表现在新中国成立初期国家施行的一系列政策举措，以及包含其中的金融政策手段。①

在新中国成立初期经过短暂的社会主义改造后，我国开始了第一个五年计划（1952~1957 年），并由此开启了中国现代工业发展的伟大进程。回顾这段时期，尤其是“一五”时期经济发展的成就，典型的特征就是在国家采用强有力的计划手段配置资源，包括金融资源，在一个很短的时间内促成了一个比较完备的经济体系，尤其是工业体系的建成。这是在一个贫穷的大国推进产业发展的第一个必然要求。应该说，尽管期间仍然存在许多不尽如人意的地方，但在整体来看，我国产业发展的第一个目标得到初步实现。②

在这一阶段，为配合完备的经济体系，尤其是耗费较多资源的重工业体系的建成，在金融资源的动员及配置方面，国家主要的手段就

① 差别性的金融政策在新中国 60 年经济建设的各个阶段均存在，如现阶段国家为推行节能环保政策从而实施的绿色信贷计划等不一而足。

② 金碚（2009）认为第一个五年计划时期，是中国工业发展 60 年历史上第一个取得重要成就的时期。从工业发展的指导思想看，尽管明显倾向于尽快走计划经济和依赖国家直接参与经济建设活动的工业体制和工业化道路，从今天的立场看也许并不十分恰当。但是，一方面，中国当时处于工业化初级阶段，确实需要国家发挥启动和推进作用；另一方面，当时的计划经济大体能够从实际出发，而且国民经济结构比较简单，国家计划手段容易驾驭。所以，历史地看，当年的计划经济所取得的建设成绩是具有重大意义的，为此后的工业发展奠定了基础。金碚：《中国工业变革振兴 60 年》，《中国工业经济》2009 年第 6 期。

是采取不断压低资金价格以及采取差别资金价格的方式（包括利率与汇率）为资本密集型的工业、重工业，尤其是国营工业重工业筹集资金，并采取计划手段直接控制资金流入这些部门。

一方面，不断压低资金价格，并施行差别性的资金价格政策。在利率方面，在新中国成立初期的反通胀政策结束后，① 为使生产者能得到资金周转的便利，根据 1950 年 5 月 12 日《中国人民银行关于继续降低利率的电报》要求，在当年 5 月 15 日前将一月期存息规定为最高一分五厘；放息最高三分。此后资金价格不断压低，同时采取了明显向国营工业部门倾斜的差别放款利率政策。这使得工业领域获取的资金价格明显比其他行业更加有利，并且在相同行业中国营部门的价格明显比非国营经济部门价格优惠。② 在汇率方面，由于重工业的物质基础是资本密集型的技术设备，在经济发展的初期，这些较为先进的技术设备多数需要从国外进口，从而需要支付大量的外汇。而在发展初期，外汇作为资本的重要组成部分，极度缺乏，由市场自发调节形成的高汇率水平（直接标价法）将使得重工业部门难以承受。为解决这一困境，政府采取高估本币币值的方法，施行低汇率政策为重工业部门服务。在 1950 年 3 月召开全国财经会议到 1951 年 5 月的 1 年多时间里，连续 15 次压低人民币与美元的汇率，汇率由 1950 年 3 月 13 日 420 元人民币（由旧币折算成人民币新币）兑换 100 美元压低至 1951

---

① 在新中国成立后的前几个月里，为了消除旧政权造成的恶性通货膨胀的影响，新政府采取了高利率紧缩银根的金融政策。从 1949~1950 年初，中国人民银行的工业存贷款利率高企，如根据《中国人民银行关于工商放款政策及调整利息的指示》（1949 年 5 月 12 日总业字第 1 号）的要求，公营工业放款月息为 6~12 分（即最高年息可达 144%），私营工业放款月息 9~15 分；公营商业放款月息 7.5~15 分，私营 9~21 分。到 1950 年上半年，通货膨胀得到遏制，利率开始连续下调。

② 如根据《中央人民政府政务院财政经济委员会关于调整人民银行利率的决定》（1953 年 10 月 13 日财经酉 23 号文），对国营工业放款利率决定不分长期或短期、重工业或轻工业，一律调整为：定额放款月息四厘五毫，超定额及临时定额月息四厘八毫，不分定额超额者月息四厘六毫五。对不同所有制性质的工业贷款采取差别利率，如规定对公私合营工业放款利率为月息为四厘八毫至一分四厘，对私营工业放款利率决定为九厘至一分六厘五；对不同行业的贷款实行差别利率，如对国营贸易放款利率调整为月息六厘九毫，对农业一般生产贷款利率降为月息一分，手工业放款利率为月息九厘至一分三厘五毫，此外针对私营商业放款利率则为月息一分三厘五至一分九厘五毫。此后根据《中国人民银行关于中财委调整利率的决定的说明》（1953 年 11 月 17 日总银机计字第 2006 号）等文件的规定，存贷款利率进一步下调，但向工业领域倾斜，向国有国营部门倾斜的差别利率规定始终存在。参见中国人民银行计划司编:《利率文件汇编》（第 1 版），中国金融出版社 1986 年版。

年5月23日223元人民币兑换100美元。1952~1972年，人民币汇率不再挂牌，仅为内部掌握，且汇率一直稳定在很低水平上。1955年3月1日至1971年12月，汇率水平保持为246.18元人民币兑换100美元，直到1978年美元贬值7.89%后，人民币汇率相应调整为172元兑换100美元。[①]

另一方面，采取直接的行政计划手段配置资金流向。从1953年开始，国家银行实行高度集中的综合信贷计划管理。各级银行吸收的存款全部集中于中国人民银行总行，由中国人民银行统一支配，贷款由中国人民银行总行统一核批指标。各级企业的贷款计划由企业主管部门编制并逐级上报，然后由上级主管部门会同同级中国人民银行报经国家主管部门和中国人民银行总行同意后逐级下批。综合信贷计划纳入国家经济计划是国家组织分配信贷资金的基本手段，它规定了国家银行全部信贷收支规模和信贷资金的构成及使用方向，集中体现了国家的货币政策目标和信贷政策导向。当时的财政是国民收入分配的主渠道，基本建设资金、国营企业自有资金和定额流动资金的供应由财政承担；企业临时性资金或超定额流动资金、集体所有制的生产流动资金由银行信贷提供。[②] 由此可以看出，在国家计划的主导下，在以推进完备的工业体系的建设方针指导下，国家强有力的资金控制能力将保障把资金用于工业企业，尤其是重工业企业上。

在利率、汇率、信贷资金控制等全方位的金融控制下，应该说对促进中国完备的产业结构体系，尤其是工业体系的形成发挥了重要作用。在这个意义上，金融因素对于产业发展的第一目标可以说是“有效”的。

① 《汇价手册》，中国金融出版社1986年版；马洪、孙尚清:《现代中国经济大事典》，中国财政经济出版社1993年版；林毅夫、蔡昉、李周：《中国的奇迹：发展战略与经济改革》（增订版），上海三联书店1999年版。
② 中国人民银行:《中国人民银行六十年：1948~2008》，中国金融出版社2008年版。

第三节　金融功能效率与发展中国家情形下中国产业发展量的扩张

在计划经济条件下，尽管金融控制手段在促成中国产业发展的第一个目标上是有效的，但经济发展整体效率的低下成为世人所公认的问题。改革开放以来，通过解放思想，中国经济焕发了新的活力，我国的经济社会面貌已经发生了翻天覆地的变化，当前我国已经由长期以来的低收入国家跃升至世界中等偏下收入国家行列。尽管成就斐然，但我国基本国情仍然是发展中国家情形的判断不会改变，当前仍然迫切需要较高的经济增长速度及各次产业总量的快速扩张来支持改革发展的进程。[①] 本部分旨在研究推动中国经济增长及产业扩张诸多要素中金融要素的作用，并通过 1998~2008 年[②] 的实证分析研究金融支持经济发展的有效性（金融功能效率）。

一、金融发展在促进产业扩张上的作用

金融发展的过程就是金融功能不断深化的过程，一个好的金融体系可以减少信息与交易成本，进而影响储蓄率、投资决策、技术创新和长期经济增长率。从中国实际情况看，近年来，以金融深化、信贷及直接融资增长为主的金融体系发展过程的确与经济增长及各次产业总量扩张相关。

一是金融深化程度进一步提高，金融促进产业增长的功能得以体

① 例如，一个快速增长的经济能够较快积累资本，促进比较优势及资源禀赋（尤其是资本要素）的动态变迁，并进而自发地促进产业结构的优化升级（谷克鉴、余剑，2008）。

② 2008 年的国际金融危机以及为应对危机，我国采取了一系列非常态的政策手段，包括各种金融举措。对于 2008 年以来最新的形势发展及其中的金融效率判断。本研究将在后文单独分析。

现。2000~2008 年的 9 年，中国 GDP 从不足 10 万亿元迅速攀升至 30 余万亿元，年均增长达到 10%左右的水平。同期，广义货币供应量（M2）余额从 2000 年年末的 13.46 万亿元增长到 2008 年年末的 47.52 万亿元。以（M2/GDP）为代表的金融深度指标从 1.35 进一步上升到 1.58（见图 3–1）。分析中国的金融深化过程（M2/GDP）与各个产业增长的关联关系，我们选取近 10 年来（1998 年第一季度~2008 年第四季度的季度数据）的 GDP 增长、第一产业、第二产业、第三产业增长与金融深化指标来研究问题。有关计量结论显示金融深化过程能够有效解释 GDP 及各产业量的扩张。①

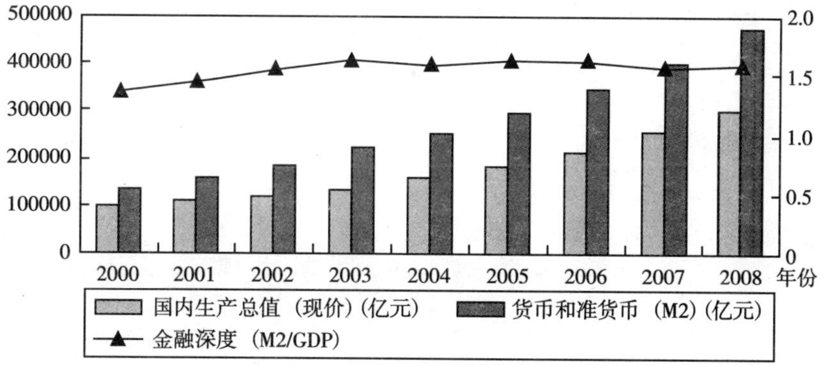

图 3–1　金融发展深度

二是银行信贷继续扩张，支持经济增长力度加大。以银行信贷为主的间接融资规模持续扩大，在促进经济增长及各个产业总量扩张上作用明显。2000 年，中国金融机构各项贷款（人民币）为 9.937 万亿元，2008 年则达到 30.34 万亿元。银行信贷规模持续扩张，支持经济增长的力度不断加大。有关计量结论显示近 10 年来信贷增长与经济增长及各次产业总量扩张过程相关。②

三是直接融资市场规模显著提高，在支持产业增长上的作用日益提升。20 世纪 90 年代初建立股票交易所时，年股票筹资额合计不足

①② 计量证明可参见附录一。

10 亿元（如 1991 年仅为 5 亿元），此后股票市场虽然波澜曲折，但筹资额不断扩大。21 世纪以来，股票市场筹资额除 2002 年极度低迷外，其余年份筹资额均在千亿元以上。其中行情较好的 2007 年，股票筹资额合计达到 8680.17 亿元，其中 A 股发行筹资额（IPO）为 7722.99 亿元，A 股配股筹资额 227.68 亿元，H 股（N 股）发行筹资额 729.5 亿元（见图 3-2）。以股票为代表的直接融资市场的发展不仅给企业带来了大量发展资金，同时公司治理结构进一步优化，为做大做强国家政策扶持的主导产业发挥了重要作用。

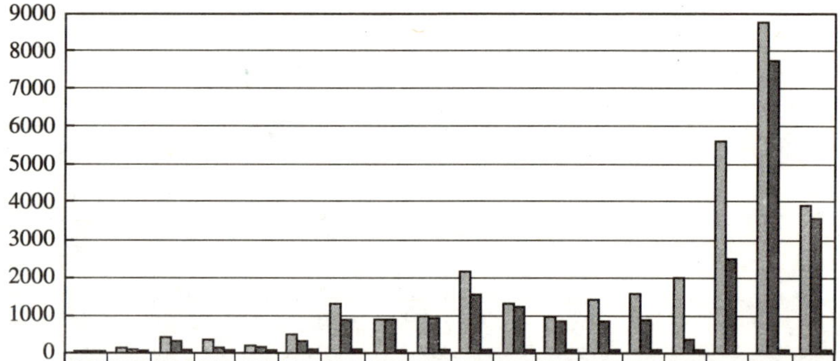

	1991年	1992年	1993年	1994年	1995年	1996年	1997年	1998年	1999年	2000年	2001年	2002年	2003年	2004年	2005年	2006年	2007年	2008年
股票筹资额合计（亿元）	5	94.1	375	327	150	425	1294	842	945	2103	1252	962	1358	1511	1883	5594	8680	3852
A 股发行筹资额（亿元）	5	50	276	99.8	85.5	294	826	778	894	1527	1182	780	820	836	338	2464	7723	3535
B 股发行筹资额（亿元）	0	44.1	38.1	38.3	33.4	47.2	108	25.6	3.79	14	0	0	3.54	27.2	0	0	0	0

图 3-2 股票市场发展情况

二、对促进产业扩张的金融功能效率判断——1998~2008 年的实证研究

1. 模型设定及变量选择

熊彼特（1911）认为金融提供的包括动员储蓄、评估项目、管理风险、监督经理人、便利交易等功能对于促进科技创新及经济发展是十分重要的。此后 Goldsmith（1969）、McKinnon（1973）、Greenwood 和 Jovanovic（1990）、Bencivenga 和 Smith（1991）、Levine（1991，1992）、King 和 Levine（1993）、Saint-Paul（1992）、Roubini 和 Sala-i-

Martin（1991，1992）等均从不同角度对金融因素与经济增长的关系进行实证研究。在诸多文献中（如 Goldsmith，1969；King 和 Levine，1993；Levine 和 Zervos，1998；谈儒勇，1999 等），金融因素往往被划分为两大部分：一是金融中介因素，即传统上的银行角度；二是金融市场的角度。金融中介主要的代表指标包括金融深度、存款货币银行与中央银行的重要程度差异、金融体系分配资产的情况等。在金融市场方面，则往往选取证券市场规模指标、流动性指标、国际市场一体化程度、证券市场波动性指标分析问题。借鉴上述研究方法及变量选取的要求，结合本书研究目的（产业发展量的扩张），我们对模型及其变量设定为：

$$\phi\ (y,\ y1,\ y2,\ y3) = F\ (Depth,\ BK,\ Capital,\ Value)$$

其中，因变量分别为：

（1）y：经济增长指标（中国经济统计数据库项目：国内生产总值增速）；

（2）y1：第一产业增长水平（中国经济统计数据库项目：第一产业增加值增速）；

（3）y2：第二产业增长水平（中国经济统计数据库项目：第二产业增加值增速）；

（4）y3：第三产业增长水平（中国经济统计数据库项目：第三产业增加值增速）。

自变量分别为（含金融中介指标及证券市场指标）：①

（1）Depth：金融深度指标（为货币供应量 M2/GDP）。

$$Depth = \frac{货币供应量}{当季\ GDP \times 4}$$

① 公式表示的是我们根据中国经济数据库相关原始数据进行计算所需金融因素指标变量的计算方法。由于本部分是季度数据的处理，考虑到金融因素多为存量指标（如 M2 为时点数），GDP 为一定时期的流量指标，而一般的研究均使用年度 GDP 与年末的金融存量数据研究问题，因此在使用季度数据分析问题时进行了简单的年化处理，但在金融数据（交易量）与 GDP 数据均为流量数据时，则为当季指标。由于各季度 GDP 产出存在较大差异，以此方式计算的有关指标，如第四季度末的 M2/GDP 数据使用四季度末 M2/(4×第四季度 GDP)，与年末 M2/当年 GDP 间的比值存在一定程度的不一致性。

$$=\frac{\text{货币和准货币（M2）季末数}}{4\times[\text{本季 GDP（现价）累计}-\text{上季 GDP（现价）累计}]}$$

（2）BK：信贷深度指标，或称商业银行重要性指标（levine，1998）。

$$BK=\frac{\text{贷款季末余额}}{\text{当季 GDP}\times 4}$$

$$=\frac{\text{金融机构各项贷款（人民币）季末数}}{4\times[\text{本季 GDP（现价）累计}-\text{上季 GDP（现价）累计}]}$$

（3）Capital：证券市场规模指标。

$$Capital=\frac{\text{股票市值（季末）}}{\text{当季 GDP}\times 4}$$

$$=\frac{\text{国内 A 股市价总值（季末数）}}{4\times[\text{本季 GDP（现价）累计}-\text{上季 GDP（现价）累计}]}$$

（4）Value：证券市场流动性指标。

$$Value=\frac{\text{国内 A 股当季成交额}}{\text{当季 GDP}}$$

$$=\frac{\text{国内 A 股当季三个月的累计成交额}}{\text{本季 GDP（现价）累计}-\text{上季 GDP（现价）累计}}$$

2. 计量过程及结论

鉴于在存款货币银行资产负债表上，1997 年第一季度起货币统计数据与历史数据不可比，① 我们选取 1998 年第一季度~2008 年第四季度的季度数据进行分析，有关计量结论如下：

一是各变量平稳性检验显示所有变量均为一阶平稳序列。具体结论如表 3-1 所示：

表 3-1 各变量的平稳性检验（使用 ADF 检验）

变量	检验形式（C，T，K）	ADF 统计量	临界值	结论
Y	0，0，1	0.110900	-1.6199*	Y 为一阶平稳序列
ΔY	0，0，1	-4.021016	-2.6196***	
Y1	0，0，1	0.182520	-1.6199*	Y1 为一阶平稳序列
ΔY1	0，0，1	-4.656918	-2.6196***	

① 1997 年初，中国人民银行对金融统计制度进行了调整，见《中国人民银行统计季报》1998 年第 14 期，第 64 页。

续表

变量	检验形式（C，T，K）	ADF 统计量	临界值	结论
Y2	0，0，1	−0.073435	−1.6199*	Y2 为一阶平稳序列
ΔY2	0，0，1	−3.690217	−2.6196***	
Y3	0，0，1	−0.117001	−1.6199*	Y3 为一阶平稳序列
ΔY3	0，0，1	−4.467456	−2.6196***	
Depth	0，0，1	−0.183433	−1.6199*	Depth 为一阶平稳序列
ΔDepth	0，0，1	−6.992478	−2.6196***	
BK	0，0，1	−0.509054	−1.6199*	BK 为一阶平稳序列
ΔBK	0，0，1	−6.973333	−2.6196***	
Capital	0，0，1	−0.906159	−1.6199*	Capital 为一阶平稳序列
ΔCapital	0，0，1	−3.372678	−2.6196***	
Value	c，t，1	−3.002013	−3.1898*	Value 为一阶平稳序列
ΔValue	c，t，1	−6.372795	−4.1958***	

注：其中检验形式（C，T，K）表示单位根检验方程，包括常数项、时间趋势和滞后项的阶数。Δ 表示差分算子。***、**、* 分别表示在 1%、5%和 10%的显著性水平下的临界值。后续表同。

二是经济增长、产业扩张与金融要素指标的 EG 两步法回归模型。建立一个以经济增长及各产业扩张为因变量，金融发展 4 因素为自变量的单方程模型，使用 EG 两步法进行分析。

表 3–2 方程系数检验结果

方程	因变量	自变量的系数及系数 T 检验的概率 P 值（P 值<0.05 则检验结果显著）									
		常数项		Depth		BK		Capital		Value	
		系数	P 值	系数	P 值	系数	P 值	系数	P 值	系数	P 值
1	Y	6.70	0.00	9.85	0.00	−11.03	0.00	−1.09	0.31	1.28	0.00
2	Y1	3.73	0.01	6.01	0.00	−7.69	0.00	−2.39	0.04	0.23	0.62
3	Y2	7.36	0.00	11.62	0.00	−13.15	0.00	−1.51	0.32	1.48	0.02
4	Y3	9.64	0.00	6.59	0.00	−9.02	0.00	−0.43	0.67	1.28	0.00

表 3–3 方程检验结论

方程	Adjusted R−squared	Prob (F−statistic)	方程残差的平稳性检验结果			结论
			检验形式	ADF 统计量	临界值	
1	0.690094	0.000000	0，0，1	−2.774487	−2.6182***	各个方程的残差检验平稳，显示在 EG 两步法下存在协整关系，回归有效
2	0.286940	0.001607	0，0，1	−2.695518	−2.6182***	
3	0.593558	0.000000	0，0，1	−2.483380	−1.9488**	
4	0.598361	0.000000	0，0，1	−3.645969	−2.6182***	

三是进行 Testdrop 检验及有关模型的改进。从上述 EG 方程检验结果来看，Capital 指标多数情况下均不显著，并且 BK 回归系数为负值，是否是因为 BK 与 Depth 指标存在多重共线性等原因而应该予以剔除呢？我们以经济增长方程（即因变量为 Y 的方程）为例，进行 Testdrop 检验（剔除变量检验），研究发现剔除 Capital（该变量自身的 T 检验也不显著）后有利于模型的优化。而剔除其余 Depth、BK、Value 变量则会对模型产生不良效果。

Testdrop 的检验结果如表 3–4 所示。

表 3–4　经济增长与金融发展 4 因素回归模型的剔除多余变量检验

拟剔除变量 Redundant Variables	F-statistic	Probability (F-statistic)	Log likelihood ratio	Probability (Log likelihood ratio)	结论（p 值<0.05 表示不应该剔除该变量）
Capital	1.056982	0.310239	1.176619	0.278045	应该剔除
BK	27.78487	0.000005	23.66825	0.000001	不应剔除
Depth	51.36240	0.000000	36.97173	0.000000	不应剔除
Value	9.140959	0.004403	9.265155	0.002336	不应剔除

在剔除 Capital 指标后，建立一个经济增长与金融发展三个自变量指标（Depth、BK、Value）单方程模型，其基本结论如表 3–5、表 3–6 所示。

表 3–5　经济增长与金融发展 3 因素回归模型系数检验结果

方程	因变量	自变量的系数及系数 T 检验的概率 P 值（P 值<0.05 则检验结果显著）							
		常数项		Depth		BK		Value	
		系数	P 值	系数	P 值	系数	P 值	系数	P 值
5	Y	6.38	0.00	9.90	0.00	–11.05	0.00	0.96	0.00

表 3–6　经济增长与金融发展 3 因素回归模型方程检验结论

方程	Adjusted R-squared	Prob (F-statistic)	方程残差的平稳性检验结果			结论
			检验形式	ADF 统计	临界值	
5	0.689652	0.000000	0，0，1	–2.324311	–1.9488**	残差检验平稳，显示在 EG 两步法下存在协整关系，回归有效①

① 在一个 Y、Depth、BK、Value 构成的系统中，通过 Johansen 协整检验发现确实存在协整关系，其迹统计量显示存在一个协整关系。但是由于在本模型中经济含义十分明确，可以直接建立具有更强导向意义的单方程模型分析问题。

3. 经济解释

计量模型显示在中国，金融深化的进程（以 M2/GDP 为代表）总体上推动了经济增长以及各次产业量的扩张，各个方程均显示其系数为显著的正值，可以认为金融因素在推动经济增长及产业扩张的总体目标上总体是有效的。①

同时除第一产业为因变量的模型（方程 2）外，以经济增长及第二产业、第三产业为因变量的方程中，Value 指标的系数呈现显著的正值，显示当市场交易活跃时，经济发展更具活力，这可以解释为人们在经济发展较好的时候更加热衷于参与证券市场。正如 Levine（1991）和 Valerie R.Bencivenga 等（1995）认为的更具流动性的证券市场能够提高人们对长期项目投资的激励。而 Capital 指标一般情况下均不显著，显示这一期间中国的股票市场的发展不能较为有效地体现中国经济的“晴雨表”作用。

进一步分析，我们发现效率低下的状态较为普通。以 BK 指标（贷款占 GDP 的比率）为例，其对经济增长及各个产业发展的作用显著为负值。我们试图分析贷款投放的状态来解释贷款效率低下的原因。一些经济学家认为在中国渐进的市场化改革过程中，为了保证整个经济的稳定和减少社会代价，大部分银行存款被以低于均衡水平的成本用于体制内部门，而像乡镇企业这样的体制外部门实际上很难获得银

① 关于 M2/GDP 指标的研究是一个较为复杂的问题。在 1978 年改革开放之初，中国的这一比率为 0.32，1985 年为 0.6，1992 年达到 1.06，1999 年为 1.46，2008 年达到 1.58。而 2000 年前后，美国一般稳定在 0.67，韩国为 0.6，印度为 0.5，日本较高，达到 1.45（武剑，2000）。除一些特定的小国外，中国的这一比值几乎为世界最高。中国 M2 增长一直以来高于 GDP 及通货膨胀之和，货币流通速度存在下降的趋势。一些学者通过中国的货币化进程以及银行不良资产较高等原因解释上述现象。如易纲（1996）认为中国 M2/GDP 异常是经济货币化程度提高的结果；郑小胡（2003）用货币流通速度下降解释 M2/GDP 偏高；余永定（2002）提出了商业银行不良贷款的存在对 M2/GDP 影响的机理和条件，并认为中国资本市场发展滞后是导致中国 M2/GDP 异常的重要原因；张杰（2006）认为政府部门对银行体系的有效控制和居民部门对银行体系的高度依赖是导致中国 M2/GDP 高于其他国家的金融制度基础；谢平、张怀清（2007）认为银行主导的金融系统和商业银行巨额不良资产的存在是导致中国 M2/GDP 异常的主要因素。尽管存在各种争议，但可以肯定 M2/GDP 指标一定程度上代表了中国金融深化进程，对于本书的基本判断不存在逆转性的意见。

行贷款的支持。[①] 张军等（2005）的研究认为，1987~2001 年的全部信贷/GDP 比率与人均 GDP 增长率之间存在弱的负相关关系，并分析导致这种情况的原因主要是因为相当程度的贷款被政府指令或干预借贷给那些缺乏效率的国有企业，尤其是 1994 年的分税制改革后地方政府对金融部门的信贷干预显著降低了全要素生产率。

我们分析 20 世纪末以来的贷款分配情况，并结合贷款投向领域对拉动经济增长的贡献，分析贷款的效率状况。我们选取三资企业、乡镇企业、私营企业（以下简称“三类企业”）获取的银行贷款（人民币贷款）在全部贷款中的比率，发现自 1998 年以来均出现了明显的下降趋势（见图 3-4），三类企业贷款占全部贷款的比重在 1999 年达到峰值（10.376%），此后便一路下滑，至 2008 年，三类企业贷款占全部贷款的比重仅为 4.595%，下降了 50%左右。但是三类企业（注意企业划分有略微不同，为集体企业、外商投资企业、私营企业）占全部工业总产值的比重从 1999 年的 35.23%上升至 2007 年的 46.75%；而同期国有企业的产值占比从 1999 年的 30.56%下降至 2007 年的 8.98%（见图 3-3）。国有经济获取绝大部分贷款资源，但产出在国民经济中的比重却在不断降低。我们认为三类企业不能获取银行信贷，但通过民间融资、外汇资金等方式仍然能够得到企业发展所需的资金（这些一般也均最终能构成中国的货币存量）。从贷款投放的效率看，其对低效领域的更多投入一定程度上是导致模型中 BK 指标为负值的重要原因。实际上，根据我们对北京地区的多家国有大型企业集团的调研发现，企业集团实际利用的贷款仅占其获取银行授信的 1/3 左右，银行对其融资支持过度充裕，而更具发展活力的中小企业在获取银行贷款上仍然困难重重。[②]

① 罗纳德·麦金农：《经济市场化的次序》，上海三联书店 1997 年版。

② 本书认为信贷资金的配置效率不高，并不妨碍中国经济增长与信贷扩张本身之间存在高度正相关关系的认识。有关计量结果显示中国 1998~2008 年银行信贷增长本身与 GDP 增长之间存在显著的正相关关系。

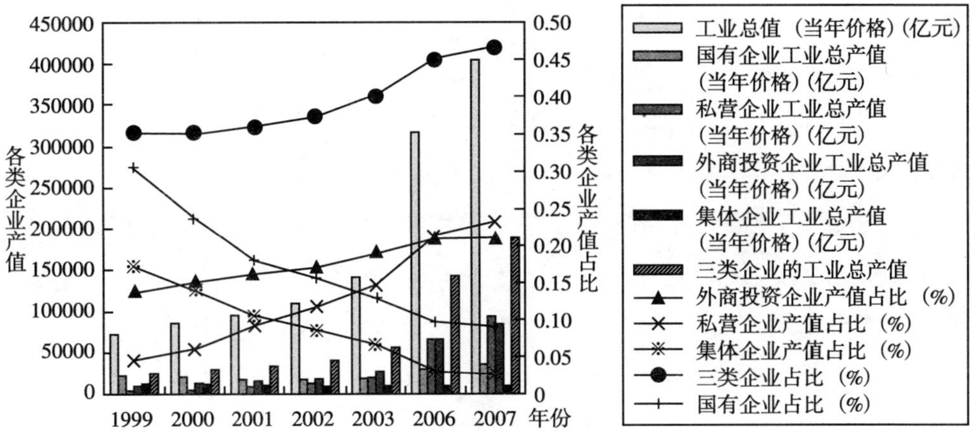

图 3-3 各类型企业产值的占比①

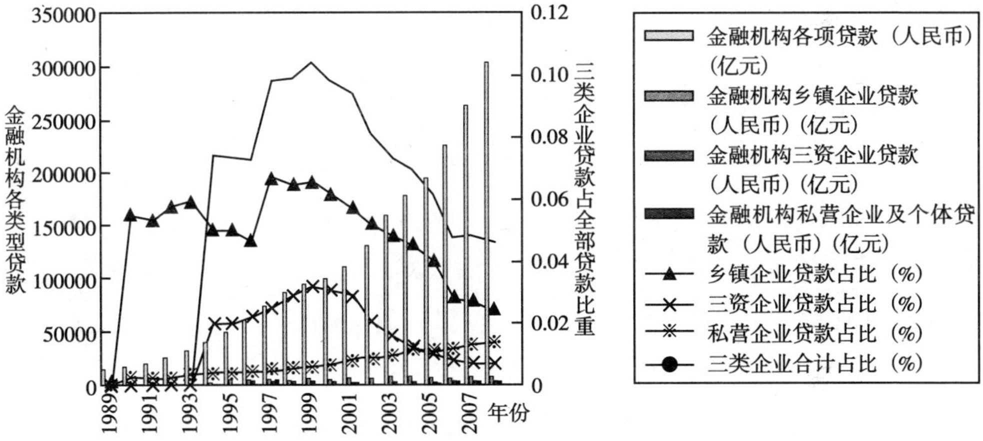

图 3-4 三类企业获取贷款在金融机构全部贷款中的占比情况

第四节 金融功能效率与经济快速发展中的中国产业结构调整

新中国成立 60 年，我国经济实现了跨越式发展，从新中国成立初

① 图中缺失年份的情况为无该年份的相关数据。

期的农业经济为主，发展到 21 世纪以来较为完备的经济体系基本建成，产业结构比率关系更加协调。到 2008 年，第一产业由 1978 年的 28.2%下降为 11.3%，第二产业由 47.9%上升到 48.6%，第三产业由 23.9%大幅上升至 40.1%。工业结构实现了从门类简单到齐全，从以轻工业为主到轻、重工业共同发展，从以劳动密集型为主导向劳动、资本和技术密集型共同发展的转变。[①] 当前，中国的产业发展目标更多地转向结构调整上来，这里不仅包括三次产业间农业占比的下降，第二产业、第三产业占比的提升，同时也包括各个产业内"由大向强"的转变。在此过程中，金融因素发挥了重要作用。

一、三次产业间比例关系协调目标上金融因素的作用分析

金融在促进三次产业比例关系进一步协调发展上发挥了重要作用。随着中国经济总量急剧扩张，中国的产业发展目标更多地转向结构调整，其中三次产业间比例关系的进一步协调是重要内涵之一。对一个发展中大国而言，三次产业比例关系的协调首先体现在第一产业在国民经济中的比重下降，第二产业、第三产业比重的上升。在 2000 年，我国三次产业的比重分别为 15.1%、45.9%、39%；到 2008 年三次产业间的比重优化分别为 11.3%、48.6%、40.1%（见图 3-5）。

以下我们使用第二产业及第三产业占 GDP 的比重为因变量指标，并通过 1992~2008 年的年度数据进行分析，对金融功能在促进三次产业协调上的效果进行判断。

1. 变量选取

因变量：

G23：第二产业及第三产业在 GDP 中的占比。[②]

① 国家统计局：《新中国 60 周年系列报告之一：光辉的历程宏伟的篇章》，见国家统计局网站 http：//www.stnts.gov.cn/2009 年 9 月 7 日。

② 如毛定祥（2006）对 1978~2003 年中国金融结构与产业结构经济结构关系的研究中，就使用第二产业、第三产业总产值占 GDP 的比重作为中国产业结构变化的指标。

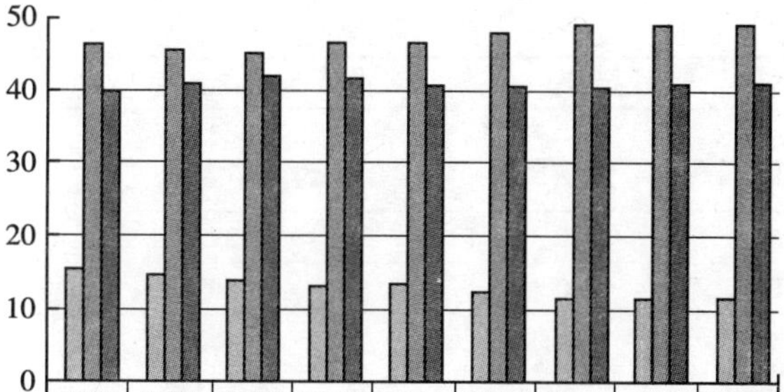

	2000年	2001年	2002年	2003年	2004年	2005年	2006年	2007年	2008年
第一产业增加值占 GDP 比重（现价）（%）	15.1	14.4	13.7	12.8	13.4	12.2	11.3	11.1	11.3
第二产业增加值占 GDP 比重（现价）（%）	49.5	45.1	44.8	46	46.2	47.7	48.7	48.5	48.6
第三产业增加值占 GDP 比重（现价）（%）	39	40.5	41.5	41.2	40.1	40.1	40	40.4	40.1

图 3-5　我国三次产业的结构占比

自变量：

（1）Depth：金融深度指标（为货币供应量 M2/GDP）。

$$\text{Depth}=\frac{\text{货币供应量}}{\text{GDP}}=\frac{\text{货币和准货币（M2）年末数}}{\text{年度 GDP}}$$

（2）BK：信贷深度指标，或称商业银行重要性指标（Levine，1998）。

$$\text{BK}=\frac{\text{贷款}}{\text{GDP}}=\frac{\text{金融机构各项贷款（人民币）年末数}}{\text{年度 GDP}}$$

（3）Capital：证券市场规模指标。

$$\text{Capital}=\frac{\text{股票市值}}{\text{GDP}}=\frac{\text{国内股市市价总值（A+B 股年末数）}}{\text{年度 GDP}}$$

（4）Value：证券市场流动性指标。

$$\text{Value}=\frac{\text{国内股票成交额}}{\text{GDP}}=\frac{\text{当年股票成交额（A+B 股）}}{\text{GDP}}$$

2. 变量平稳性检验

表 3-7　平稳性检验

变量	检验形式（C，T，K）	ADF 统计量	临界值	结论及备注
G23	C，0，1	-0.420347	-2.6829*	G23 为一阶平稳序列
ΔG23	C，0，1	-2.889304	-2.6927*	

续表

变量	检验形式（C，T，K）	ADF 统计量	临界值	结论及备注
Depth	0，0，2	2.062254	−1.6269*	在 PP 检验下 Depth 为一阶平稳序列
ΔDepth	0，0，2	−1.911126	−1.6277*	
BK	0，0，1	0.122291	−1.6277*	BK 为一阶平稳序列
ΔBK	0，0，1	−3.480923	−2.7570***	
Capital	0，0，1	0.098250	−1.6277*	Capital 为一阶平稳序列
ΔCapital	0，0，1	−3.739448	−2.7570***	
Value	0，0，1	0.133606	−1.6277*	Value 为一阶平稳序列
ΔValue	0，0，1	−3.235807	−2.7570***	

3. 模型结论

建立一个以 G23 为因变量、金融发展 4 因素为自变量的单方程模型，使用 EG 两步法进行分析。

表 3-8　方程系数检验结果

方程	因变量	自变量的系数及系数 T 检验的概率 P 值（P 值<0.05 则检验结果显著）									
		常数项		Depth		BK		Capital		Value	
		系数	P 值	系数	P 值	系数	P 值	系数	P 值	系数	P 值
6	G23	71.42	0.00	14.72	0.00	−7.23	0.02	0.048	0.97	0.908	0.438

表 3-9　方程检验结论

方程	Adjusted R-squared	Prob (F-statistic)	方程残差的平稳性检验结果			结论
			检验形式	ADF 统计量	临界值	
6	0.981129	0.000000	c，0，1	−2.977092	−2.6829*	残差检验平稳，显示在 EG 两步法下存在协整关系，回归有效

表 3-10　结构调整与金融发展 4 因素回归模型的剔除多余变量检验

拟剔除变量 Redundant Variables	F-statistic	Probability (F-statistic)	Log likelihood ratio	Probability (Log likelihood ratio)	结论（p 值<0.05 表示不应该剔除该变量）
Capital	0.000841	0.977345	0.001191	0.972470	应该剔除
BK	6.705282	0.023682	7.546288	0.006013	不应剔除
Depth	209.4411	0.000000	49.55925	0.000000	不应剔除
Value	0.643420	0.438072	0.887914	0.346043	应该剔除

在剔除 Capital 以及 Value 指标后，建立一个结构调整与金融发展两个自变量指标（Depth、BK）单方程模型，其基本结论为：

表 3-11 结构调整与金融发展 2 因素回归模型系数检验结果

方程	因变量	自变量的系数及系数 T 检验的概率 P 值（P 值 < 0.05 则检验结果显著）					
		常数项		Depth		BK	
		系数	P 值	系数	P 值	系数	P 值
7	G23	72.63	0.00	16.21	0.00	-10.06	0.002

表 3-12 结构调整与金融发展 2 因素回归模型方程检验结论

方程	Adjusted R-squared	Prob (F-statistic)	方程残差的平稳性检验结果			结论
			检验形式	ADF 统计量	临界值	
7	0.974733	0.000000	c，0，1	-3.339257	-3.0818**	残差检验平稳，显示在 EG 两步法下存在协整关系，回归有效

中国的金融深化过程整体上促进了第二产业、第三产业在整个 GDP 中占比的提升，一定程度上推动了中国产业结构的调整。但是市场指标（包括 Capital 及 Value 指标）在实证研究中均不显著，且剔除变量检验显示市场指标不应该被纳入模型，说明中国资本市场的发展在以第二产业、第三产业在 GDP 中占比为代表的产业结构调整进程中不能发挥显著作用。同时，与产业发展量的扩张一样，贷款深度指标在产业结构调整中也是低效的。

二、产业内优化升级上的金融要素效率分析——以部分制造业产品国际竞争力为例

当前，中国产业结构调整的主要目标已经从三次产业比例关系的协调为重点转向各产业内部的优化升级。衡量某类产业优化升级的标准较多，诸如考虑技术进步因素、主要产品附加值程度等。本书通过某类产业（产品）的国际竞争力状况作为其结构升级的变化标准。

一般而言，某类产品的国际竞争力指数可通过下式计算：

$$Ci = (Xi - Mi) / (Xi + Mi)$$

其中，Ci 表示第 i 类产品的竞争力指数，Xi 和 Mi 分别表示第 i 类产品的出口值和进口值。一般认为如果 $Ci>0$，则该类产品是具有竞争力或比较优势；$Ci<0$ 则表示该类产品缺乏竞争力或处于比较劣势；$Ci=0$ 则可称为中性竞争力或中性比较优势。更进一步地讲，还可以通过确立一定的标准，来具体判断某类产品对外竞争力的强弱，如 $Ci>0.8$，则可认为该类产品具有较强的出口竞争力等。虽然现实中普遍存在的鼓励出口或限制进口的政策使得竞争力指数并不能准确地反映产品竞争力的实际优劣状况，但作为一种比较静态分析，可以用其来考察特定时间、特定保护程度下的竞争力状况。

改革开放以来，我国制造业国际竞争力不断增强，产业结构调整总体符合资源禀赋状况，反映了利用“两个市场两种资源”的战略发展意图，即在人均资源占有量偏低的情况下，充分利用世界资源，从而导致了初级产品进口的大量增加，初级产品国际竞争力逐步下降；同时由于人口众多、劳动力资源丰富，随着工业基础建设的加强，生产能力的不断扩张，我国已经逐渐成为一个世界制造业大国。根据联合国资料，按照 2000 年不变价计算，我国制造业增加值占世界的份额由 1995 年的 5.1%上升到 2007 年的 11.4%。在 22 个工业大类中，我国制造业占世界比重在 7 个大类中名列第一，有 15 个大类名列前三位。而在发展中国家中，除了一个大类名列第 11 位外，其他 21 个大类所占份额都名列第一位。制造业能力的提升的重要表现为有关工业制成品出口日益增多，整体而言制造业的竞争力不断增强。根据对最近 20 年我国初级产品及工业制成品竞争力的计算，发现初级产品竞争力由 1989 年的 0.12 逐年下降至 2008 年末的–0.64，工业制成品的竞争力则由–0.12 逐年上升到 0.27（见图 3–6）。

在制造业整体竞争力不断增强的同时，在制造业内部各子行业（产业）发展并不均衡，比如近年来（2004~2007 年）烟草产品、机械产品竞争力有所下降，纺织产品、钢材有所上升（见表 3–13）。

以下我们根据这些竞争力发生变化的工业制成品所属行业获取金融机构贷款情况研究信贷资金流向的效率状况。以某类行业（制造业

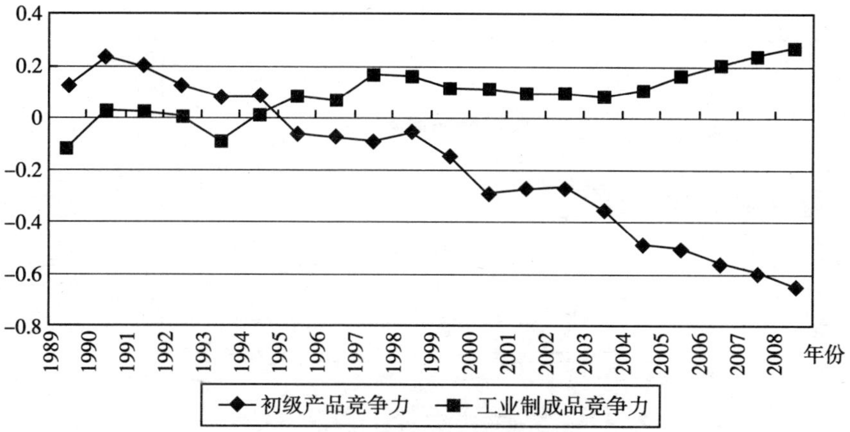

图 3-6 我国工业制成品与初级产品的竞争力对比

表 3-13 近年来部分工业制成品竞争力状况①

年份	烟草、烟草及烟草代用品的制成品竞争力	纺织原料及纺织制成品竞争力	药品竞争力	塑料及其制成品竞争力	钢材竞争力	机械②竞争力	车辆、航空器、船舶及有关运输设备竞争力
2004	0.275434243	0.4605465	-0.768254	-2.4765362	-0.427596	1.14255814	0.0377307
2005	0.166123779	0.4545727	-0.746383	-2.6394131	-0.305939	1.10493338	0.1777386
2006	0.100097182	0.5468816	-0.64606	-2.4454915	0.1390251	0.95274944	0.1276318
2007	0.083050847	0.4179564	-0.702028	-3.3807333	0.3645367	0.89091649	0.2218061

下属的细分行业）获取主要金融机构中长期贷款占全部制造业获取主要金融机构中长期贷款的比重为变量 Y，以某类行业主要产品的国际竞争力为变量 X，通过计算 2004~2007 年两者间的相关关系来分析信贷资金的配置情况，具体计算结论见表 3-14。

表 3-14 相关分析表③

序号	变量 X	变量 Y	相关系数	显著性水平（P 值）	结论
1	烟草、烟草及烟草代用品的制成品竞争力	烟草制成品业贷款占制造业贷款比重	0.985	0.015	正相关，在 0.05 的水平下显著
2	纺织原料及纺织制成品竞争力	纺织业贷款占制造业比重	-0.017	0.983	负相关，不显著

① 本表竞争力数据根据中国经济统计数据库中对外经济贸易栏目中按“HS”及“SITC”分类的部分工业制成品数据计算。各项贷款占比指标数据根据主要金融机构中长期贷款实际投向数据计算。

② 机械业竞争力根据“机械及运输设备”——“车辆、航空器、船舶及有关运输设备”计算。

③ 本表相关系数及显著性水平通过 SPSS11.5 软件计算。

续表

序号	变量		相关系数	显著性水平（P值）	结论
	X	Y			
3	药品竞争力	医药制造业贷款占制造业贷款比重	-0.841	0.159	负相关，不显著
4	塑料及其制成品竞争力	塑料制成品业贷款占制造业贷款比重	0.840	0.160	正相关，显著
5	钢材竞争力	炼钢业贷款占制造业贷款比重	0.935	0.065	正相关，显著
6	机械① 竞争力	机械设备贷款占制造业贷款比重比	0.353	0.647	正相关，显著
7	车辆、航空器、船舶及有关运输设备竞争力	交通运输设备制造业贷款占制造业贷款比重	-0.585	0.415	负相关，不显著

相关分析显示，烟草业、塑料制品业、炼钢业、机械制造业获取贷款占全部制造业贷款的比重与该类产业主要制成品的国际竞争力呈现正相关关系，反映出当这类行业产品的国际竞争力越强，信贷资金在该类产业的配置比重亦越高，信贷资金配置与竞争力状况较为吻合。而在纺织、医药、交通运输设备制造业上，信贷资金的配置占全部制造业信贷资金的比重与其国际竞争力呈现负相关关系，反映出当这类行业产品的国际竞争力越强，信贷资金在该类产业的配置比重反而越低，信贷资金配置与竞争力状况不吻合。②

① 机械业竞争力根据“机械及运输设备”——“车辆、航空器、船舶及有关运输设备”计算。
② 由于统计数据的局限性（如对金融机构信贷资金流向的统计仅有几年的年度数据），相关分析的系数多不显著。

第四章　金融配置效率与中国产业发展研究

相对于金融功能效率，金融配置效率属于中观层面的研究。从金融资源配置效率的研究来看，代表性研究方法的主要思想是认为金融资源配置效率的提高意味着在高资本回报率的行业（项目）内继续追加投资，在低资本回报率的行业（项目）内及时削减资金流入。Jeffrey Wurgler（2000）从这一思想出发得到了定量化描述资本配置效率的方法。Jeffrey Wurgler 范式对于分析中国各个行业各个地域的金融资源配置效率问题起到很好的参考作用。但从资源配置效率的本质来看，以《新帕尔格雷夫经济学大词典（二）》① 对效率问题的定义为例，其认为"资源配置效率意味着在资源和技术条件限制下尽可能满足人类需要的运行状况"。在该定义下，资源配置效率问题研究的最本质命题是如何将有限的资源进行在不同行业（地域等）进行合理的配置，从而达到产出最大（或其他政策目标最优）的状态，其体现的应该是一种最优化的思想。

本部分的研究从最优化思想出发，运用运筹学理论建立了优化模型，提出了金融资源配置效率的判定方法。在实证上，通过计量方法模拟了中国 15 个制造业行业的生产函数，并利用 LINGO 软件求解了金融资源配置的规划模型，得到理论最优指标，通过比较增加值实际值与理论最优值，判断在上述行业中的金融资源配置状态。

---

① 约翰·伊特韦尔等编：《新帕尔格雷夫经济学大词典（二）》，经济科学出版社 1992 年版。

第一节　金融资源配置优化模型的推演及配置效率判断方法的设计

一、广义的金融资源配置效率

研究金融资源配置效率，在一般意义上指通过全社会有限的资金在全社会所有行业进行配置，金融资源的最优配置状态是全社会的总产出最大。[①]

1. 静态模型

一般意义上的优化模型表示如下：

设全社会（或某个特定的若干领域，以下通称全社会）金融资源总量为 a；

共有 n 种行业，这些行业编号为 1，2，…，i，…，n；

行业 i 投入的金融资源（以下将金融资源简称为资金）为 x_i；

全社会金融资源总量为 a，此时一个线性约束条件为 $\sum_{i=1}^{n} x_i \leq a$；

各行业的产出为 $g_i(x_i)$，$g_i(x_i)$ 即为该行业在其他如资源不变的情况下，针对投入 x_i 的生产（产出）函数。

理论上，在一个有限的金融资源条件下满足全社会产出的最大化为目标的情形下，金融资源配置的最佳效率模式，即金融资源在各个行业 i 的配置问题，应该满足如下优化模型要求：

① 一般情况下，仅以产出最大为唯一优化目标，形成单目标优化模型；在加入产业结构等目标约束后，优化模型将转化为多目标优化模型，即增加目标函数，与此同时，约束条件亦可根据实际情况增加，静态或动态模型均如此。

广义的优化模型为：$(P_0)\begin{cases}\max\sum_{i=1}^{n} g_i(x_i)\\ \sum_{i=1}^{n} x_i \leqslant a\\ x_i \geqslant 0\end{cases}$

求解该优化模型得到最佳资源配置解为 $(\hat{x}_1, \hat{x}_2, \cdots, \hat{x}_i, \cdots, \hat{x}_n)$；

最佳（最大）产出解为：$\max\sum_{i=1}^{n} g_i(\hat{x}_i)$。

此时分析实际金融资源的配置效率状况，考虑如下判断方法：

各行业的实际金融资源配置为 $(x_1, x_2, \cdots, x_i, \cdots, x_n)$；

行业 i 的实际金融资源配置效率设定为：$\rho_i = 1 - \frac{(x_i - \hat{x}_i)^2}{(x_i + \hat{x}_i)^2}$。

其中，$\rho_i \in (0, 1]$，ρ_i 越趋近于 1，说明金融资源在该行业的实际配置效率越高。

与此同时，全社会金融资源配置的效率可以用下式判断：

$$\rho_{全} = \frac{\max\sum_{i=1}^{n} g_i(x_i)}{\max\sum_{i=1}^{n} g_i(\hat{x}_i)}$$

$\rho_{全} \in (0, 1]$，$\rho_{全}$越趋近于 1，说明金融资源在全社会的配置效率越高。

2. 动态模型的扩展

共有 n 种行业，这些行业编号为 $(1, 2, \cdots, i, \cdots, n)$；

共有 m 个时期，各时期编号为 $(1, 2, \cdots, j, \cdots, m)$；

全社会金融资源总量为 $(a_1, a_2, \cdots, a_j, \cdots, a_m)$；

行业 i 第 j 时期投入的金融资源（以下将金融资源简称为资金）为 x_{ij}；

全社会 j 时期金融资源总量为 a_j，此时一个线性约束条件为：$\sum_{i=1}^{n} x_{ij} \leqslant a_j$。

同时，在动态情形下，j+1 时期的全社会金融资源总量与 j 时期的全社会总产出存在一定的函数关系，并且在一般情形下，上一期全社会总产出越大，下一期的可用金融资源总量亦越大。

设 $a_{j+1}=f_j\left[\sum_{i=1}^{n} g\ (x_{ij}),\ a_j\right]$

该行业的产出为 $g_{ij}\ (x_{ij})$，即 $g_{ij}\ (x_{ij})$ 为该行业在其他如资源不变的情况下，针对投入 x_{ij} 的生产（产出）函数。

理论上，在一个有限的金融资源条件下满足全社会产出的最大化为目标的情形下，金融资源配置的最佳效率模式，即金融资源在各个行业 i 各个时期 j 的配置问题，应该满足如下优化模型要求：

$$\text{广义的优化模型为：}(p_{00})\begin{cases}\max\sum_{i=1}^{n}\sum_{j=1}^{m} g_{ij}\ (x_{ij})\\ \sum_{i=1}^{n} x_i\leqslant a_j\\ a_{j+1}=f_j\left[\sum_{i=1}^{n} g\ (x_{ij}),\ a_j\right]\\ x_{ij}\geqslant 0\end{cases}$$

求解该优化模型得到最佳资源配置解为：$(\hat{x}_{1j},\ \hat{x}_{2j},\ \cdots,\ \hat{x}_{ij},\ \cdots,\ \hat{x}_{nj})$。

此时分析实际金融资源的配置状况，拟考虑如下判断方法：

各行业的实际金融资源配置为 $(x_{1j},\ x_{2j},\ \cdots,\ x_{ij},\ \cdots,\ x_{nj})$；

行业 i 的实际金融资源配置效率设定为：$\rho_{ij}=1-\frac{(x_{ij}-\hat{x}_{ij})^2}{(x_{ij}+\hat{x}_{ij})^2}$。

其中，$\rho_i\in(0,\ 1]$，ρ_i 越趋近与 1，说明金融资源在该行业的实际配置效率越高。此时可以得到一个 m 时期的各行业的金融资源配置效率状态的时间序列。

从矩阵 (ρ_{ij}) 能判断全社会各行业金融资源各动态时期的配置效率状况。

其中，第 j 时期的全社会资源配置效率为：

$$\rho_{全\ j}=\frac{\max\sum_{i=1}^{n} g_{ij}\ (x_{ij})}{\max\sum_{i=1}^{n} g_{ij}\ (\hat{x}_{ij})}$$

二、不同国情下的金融资源配置效率模型的具体形式推演

在广义模型中，由于生产函数具有不确定性，因此在实际运用中，优化模型

$$(P_{00})\begin{cases}\max\sum_{i=1}^{n}\sum_{j=1}^{m} g_{ij}\ (x_{ij})\\ \sum_{i=1}^{n} x_i \leqslant a_j\\ x_{ij}\geqslant 0\end{cases}$$

具有不确定性，即可能为线性规划抑或是非线性规划，因此在不同国情下的金融资源配置效率模型具有相应的具体形势。同时生产函数的构成是优化模型求解的关键环节之一。

1. 小国模型

在一个小国（静态开放）模型下，假设某行业 i 在已知的资金投入总量下，其产出满足如下投入产出比：

$k_i=\frac{g(x_i)}{x_i}$，且投入产出比保持不变，则为其生产函数；此时的优化模型为：

$$小国静态线性规划模型：(P_1)\begin{cases}\max\sum_{j=1}^{n} k_i x_i\\ \sum_{j=1}^{n} x_i\leqslant a\\ x_i\geqslant 0\end{cases}$$

在一个静态的条件下，假定各行业的投入产出比事先已知依照一定顺序排列，即存在 $k_1\leqslant k_2\leqslant\cdots\leqslant k_i\leqslant\cdots\leqslant k_n$，或者

$$\frac{g(x_1)}{x_1} \leqslant \frac{g(x_2)}{x_2} \leqslant \cdots \leqslant \frac{g(x_i)}{x_i} \leqslant \cdots \leqslant \frac{g(x_n)}{x_n}$$

在静态条件下，金融资源的最优配置状态就是将全部金融资源集中到第 n 个行业。理论上，这在一个极端小国情形下（价格由外部决定，本国产出不影响价格）是可以做到的。此时，小国某行业资金的投入产出比需要根据其资源禀赋状况决定，如小型产油国，其静态最优金融资源配置是将全部资金投入到石油产业中。

2. 大国模型

关于生产函数的确定，一般可以根据某行业的时间序列进行模拟，大国模型基本特点是生产函数中，边际产出随着针对金融资源要素投入量而呈现边际报酬递减的规律，即：

假定生产函数中包括资金以及其他多种要素投入，假定其他投入量不变，为 $\bar{l}$，以金融资源（资金）要素为唯一可变变量，则该行业的产出（生产函数）为：$g(x_i)=f(\bar{l}, x_i)$，一般情况下，考虑此类行业边际产出随资金投入的增加，首先出现递增，其后出现递减（边际报酬递减规律），即边际报酬满足如下形式：[①]

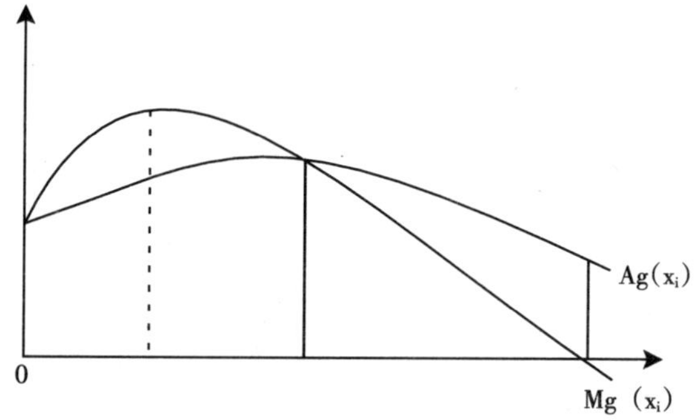

图 4-1

考虑为先递增后递减，直至为负的情况，其可参考形式为拟定为：

$$\begin{cases} Mg(x_i) = b_0 + b_1 x - b_2 x^2 \\ b_1,\ b_2 \geqslant 0 \end{cases}$$

① 边际报酬函数的阶段划分可以与该行业处于的发展阶段相联系。

即边际函数的一阶导数（总产出函数的二阶导数）为：

$$\frac{\delta Mg(x_i)}{\delta x_i}=b_1-2b_2x_i$$

该函数即为先正后负，并逐步递减，同时将出现随先增后减的形式（如图 4-1 所示）。

此时，金融资源 x 为唯一可变投入量的总产出函数为：

$$g(x_i)=\int_0^{x_i} Mg(x_i)\,dx_i=\int_0^{x_i}(b_0+b_1x_i-b_2x_i^2)\,dx_i$$

$$=c+b_0x_i+\frac{1}{2}b_1x_i^2-\frac{1}{3}b_2x_i^3$$

$$=c_0+c_1x_i+c_2x_i^2-c_3x_i^3$$

其中，c_0，c_1，c_2，$c_3\geqslant 0$。

总产出函数的图形为：

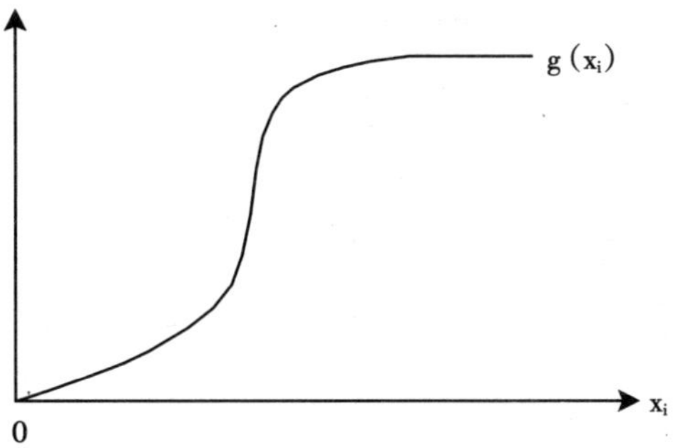

图 4-2

此时在第 j 阶段金融资源配置的最优模型为：

$$P_{2j}\begin{cases}\max\sum_{i=1}^{n}\int_0^{x_i} Mg(x_i)dx_i\\ \sum_{i=1}^{n}x_i\leqslant a_j\\ x_{ij}\geqslant 0\end{cases}$$

资源配置各行业效率及全社会配置效率的判断方法同前所述。

3. 发展中大国多目标规划模型

作为发展中大国，其规划模型中存在更多的约束条件及政策目标，一般认为包括如下项目：

（1）大国需要完备的产业，因此，约束条件中不是 $x_i \geqslant 0$，而是 $x_i > 0$；

（2）大国中各行业需要按照一定的比率配置，需要满足包括三次产业间平衡关系在内的约束条件，即认为

$$g(x_1):g(x_2):\cdots:g(x_i):\cdots:g(x_n)$$
$$=b_1:b_2:\cdots:b_i:\cdots:b_n$$

此约束条件仅在三次产业等大项划分上存在，对于一般细分的行业并不适用。

多目标指标设定：

发展中国家面临产业升级等众多政策目标，而从产业升级来看，不仅包括投入产出（行业增加值）等政策目标，亦包括国际竞争力等目标。

考虑加上一个行业国际竞争力[①] 的指标，此时，一个发展中大国多目标 j 阶段模型为：

$$P_{3j}\begin{cases}\max\sum_{i=1}^{n}\int_{0}^{x_i}Mg(x_i)dx_i\\ \max\sum_{i=1}^{n}JZL(x_i)\\ \sum_{j=1}^{n}x_i\leqslant a\\ x_i>0\\ g(x_1):g(x_2):\cdots:g(x_i):\cdots:g(x_n)\\ =b_1:b_2:\cdots:b_i:\cdots:b_n\end{cases}$$

求解该优化模型，得到理论值，效率计算方法同上。

① 理论上更多的目标亦可加入到模型目标函数中。

第二节 金融资源配置效率的运算
——基于数学规划模型的研究

以上述优化模型为蓝本，本部分针对我国最主要的金融资源——信贷资金为例，结合可获取的数据，演算其行业配置效率。行业信贷资金配置效率研究的方法及运算步骤如下：

由于在一个大国情形下，从全社会的角度看，由于行业数目太多，从而使得全社会各行业资金配置的优化属于超大型非线性规划模型，求最优解存在较大困难（或者并无最优解），可以考虑采用“元启发”方法求次优解。

在一个行业分类有限的中等（或小型）优化模型下，可以考虑通过如下步骤演算效率问题。

第一步：各行业生产函数的模拟。以行业增加值（或其他变量）最大化为目标函数，使用 Eviews 对各行业增加值及金融资源（资金）的投入进行模拟，得到生产函数，即各行业实际产出对金融资源投入量两者间进行拟合。特别注意的是，在发展中大国情形下，各行业的生产函数一般具有边际产出从递增到递减的发展阶段，从递增到递减的过程一定程度上可以判断其发展阶段（如朝阳产业、夕阳产业等）。

第二步：优化模型下对各行业分时期的理论最优资源投入量的计算。使用 LINGO 软件对优化模型进行求解，得到理论最佳配置状态。

第三步：对实际资源配置量与理论最优配置量的情况进行比较，分析其效率状态。

一、变量、可获取数据及实证方法说明

选取近年来（2005~2007 年）可获得信贷资金分配状况及行业增

加值数据的 15 个制造业行业（分类法：GB2002）为分析对象（具体见表 4–1）。增加值及贷款数据均为年度数据。

在一个行业分类有限的小型优化模型下，可以考虑通过如下步骤演算效率问题。首先，进行各行业生产函数的模拟，以行业增加值（或其他变量）最大化为目标函数，使用 Eviews4.0 对各行业增加值及金融资源（资金）的投入进行模拟，得到生产函数，即各行业实际产出对金融资源投入量两者间进行拟合。特别注意的是，在发展中大国情形下，各行业的生产函数一般具有边际产出从递增到递减的发展阶段，从递增到递减的过程一定程度上可以判断其发展阶段（如朝阳产业、夕阳产业等）。其次，建立对各行业分时期有限总量信贷资金约束下的优化规划模型，并使用 LINGO9.0 软件对优化模型进行求解，得到理论最佳配置状态及理论最大产出。最后，对实际资源配置量与理论最优配置量的情况进行比较，判断其效率状态。

二、各行业生产函数的模拟

经过多次模拟，我们得到 15 个制造业行业的生产函数如表 4–1 所示。

表 4–1　15 个制造业行业的生产函数模拟①

	行业名称	二次生产函数或三次生产函数	模拟效果
		zjz_ = c(1)*dk_ + c(2)*dk_^2 + c(3)*dk_^3 函数最终呈现边际产出递减关系，要求二次生产函数中 c(2) < 0；或三次生产函数中 c(3) < 0	调整 R^2
1	农副食品加工业	ZJZ_NF=14.14917663*DK_NF+0.03014989546*DK_NF^2–7.834091411e–05*DK_NF^3	0.923116

① 生产函数模拟基本过程说明：由于可获得数据期间过短（仅有 3 年），因此，理论上只能进行二次函数 $g(x_i)=c_1x_i+c_2x_i^2$ 形式的模拟（自由度允许的条件下）。因此首先对各行业进行二次生产函数的模拟。经过模拟，发现部分行业仍然处于产出递增阶段，即 $c_2>0$，但显然产出递增不符合一种可变要素投入的生产函数的完整形态，因此，对于这类行业的市场函数，我们通过一定的主观延长数据，模拟三次生产函数，使得生产函数总体呈现先递增后递减的情况，即要求函数形式为：zjz_=c(1)*dk_+c(2)*dk_^2+c(3)*dk_^3。
其中，c_1，$c_2>0$；$c_3<0$，并且要求各行业生产函数的拟合效果较好（调整 $R^2>0.7$）。
具体模拟过程见附录三。

续表

	行业名称	二次生产函数或三次生产函数	模拟效果
2	食品制造业	ZJZ_SP=0.3138260802*DK_SP+0.1067056682*DK_SP^2–0.0002869606634*DK_SP^3	0.932162
3	烟草制品业	ZJZ_YC=266.231971*DK_YC–5.974142025*DK_YC^2	0.999886
4	纺织业	ZJZ_FZ=10.42211795*DK_FZ+0.02725839752*DK_FZ^2–5.550388957e–05*DK_FZ^3	0.896870
5	纺织服装、鞋、帽制造业	ZJZ_XM=15.20325954*DK_XM+0.1934293329*DK_XM^2–0.001135482974*DK_XM^3	0.982324
6	造纸及纸制品业	ZJZ_ZZ=4.400215987*DK_ZZ–0.00188094501*DK_ZZ^2	0.993729
7	石油加工、炼焦及核燃料加工业	ZJZ_SY=0.2615388514*DK_SY+0.00386644129*DK_SY^2–1.068145976e–06*DK_SY^3	0.791622
8	化学原料及化学制品制造业	ZJZ_HX=5.620369347*DK_HX–0.0007309580002*DK_HX^2	0.977748
9	塑料制品业	ZJZ_SL=3.345037787*DK_SL+0.1019354872*DK_SL^2–0.0002690549702*DK_SL^3	0.925050
10	非金属矿物制品业	ZJZ_FJ=7.054508399*DK_FJ–0.000855745026*DK_FJ^2	0.999982
11	黑色金属冶炼及压延加工业	ZJZ_HJ=8.291395775*DK_HJ–0.001913920128*DK_HJ^2	0.943722
12	有色金属冶炼及压延加工业	ZJZ_YS=1.224327835*DK_YS+0.01652928729*DK_YS^2–1.234163132e–05*DK_YS^3	0.981812
13	专用设备制造业	ZJZ_ZY=7.705681335*DK_ZY–0.001242511417*DK_ZY^2	0.778832
14	电气机械及器材制造业	ZJZ_DQ=27.63927669*DK_DQ–0.02433810677*DK_DQ^2	0.933570
15	通信设备、计算机及其他电子设备	ZJZ_TX=9.283217206*DK_TX–0.0003613378134*DK_TX^2	0.910512

三、一个简单静态优化实证模型的建立

在上述生产函数条件下，我们建立以有限信贷资金为约束条件，以增加值最大化为政策目标的数学规划模型，即：

$$
\rho_{当年}\begin{cases}
\mathrm{Max}(14.14917663*DK\_NF+0.301498546*DK\_NF^2-7.834091411e\text{-}05*DK\_NF^3) \\
+(0.3138260802*DK\_SP+0.1067056682*DK\_SP^2-0.0002869606634*DK\_SP^3) \\
+(266.231971*DK\_YC-5.974142025*DK\_YC^2) \\
+(10.42211795*DK\_FZ+0.02725839752*DK\_FZ^2-5.550388957e\text{-}05*DK\_FZ^3) \\
+(15.20325954*DK\_XM+0.1934293329*DK\_XM^2-0.001135482974*DK\_XM^3) \\
+(4.400215987*DK\_ZZ-0.00188094501*DK\_ZZ^2) \\
+(0.2615388514*DK\_SY+0.00386644129*DK\_SY^2-1.068145976e\text{-}06*DK\_SY^3) \\
+(5.620369347*DK\_HX-0.0007309580002*DK\_HX^2) \\
+(3.345037787*DK\_SL+0.1019354872*DK\_SL^2-0.0002690549702*DK\_SL^3) \\
+(7.054508399*DK\_FJ-0.000855745026*DK\_FJ^2) \\
+(8.291395775*Dk\_HJ-0.001913920128*DK\text{-}HJ^2) \\
+(1.224327835*DK\_YS+0.01652928729*DK\_YS^2-1.234163132e\text{-}0.5*DK\_YS^3) \\
+(7.705681335*DK\_ZY-0.001242511417*DK\_ZY^2) \\
+(27.63927669*DK\_DQ-0.02433810677*DK\_DQ^2) \\
+(9.283217206*DK\_TX-0.0003613378134*DK\_TX^2) \\
\\
DK\_NF+DK\_SP+DK\_YC+DK\_FZ+DK\_XM+DK\_ZZ \\
+DK\_SY+DK\_HX+DK\_SL+DK\_FJ+DK\_HJ+DK\_YS \\
+DK\_ZY+DK\_DQ+DK\_TX\leqslant \text{当年可贷资金} \\
\\
DK\_NF,\ DK\_SP,\ DK\_YC,\ DK\_FZ,\ DK\_XM,\ DK\_ZZ,\ DK\_SY, \\
DK\_HX,\ DK\_SL,\ DK\_FJ,\ DK\_HJ,\ DK\_YS,\ DK\_ZY,\ DK\_DQ, \\
DK\_TX\geqslant 0
\end{cases}
$$

四、优化模型的求解及各年信贷资金配置的效率结论

我们使用 LINGO9.0 求解该数学规划模型，得到 2005~2007 年上述 15 个行业在相应最大可获得资金条件下的最大产出理论值，并通过比较实际产出与理论产出，得到 2005~2007 年的信贷资金配置效率，其结论如表 4–2 所示。

本部分从最优化思想出发建立了一个基于优化模型的资源配置效率判断方法，并以近年来部分制造业行业为例，通过数学规划模型软件求解在有限资金约束下的产出（增加值）理论最大值，得到了各年

表 4-2　15 个制造业行业的信贷资金配置状态①

项目 / 年份	实际增加值数据	理论最大增加值	信贷资金配置效率
2005	40918.6	58631.18	0.6978983
2006	51761.38	68269.75	0.7581891
2007	66299.1	83690.36	0.7921952

信贷资金配置的效率状态。总体来看，本书构建的理论模型对于分析研究金融效率命题提供了一个新的视角。与一般 Jeffrey Wurgler 范式下 EVA 方法计算的信贷资金配置效率研究不同，本书利用优化模型计算出的信贷资金配置效率相对较高。主要原因在于研究方法的区别，即 EVA 方法考虑的是行业增加值所能吸引投资（包括信贷），如果信贷资金向更高行业增加值领域流动，则说明信贷资金配置的效率相对较高。② 而本书使用的优化方法的主要出发点是直接研究有限的资金在不同的行业间进行配置，并得到总体的资金配置效率状况，应该说方法更加贴近资源配置效率研究的本意。而本书初步的实证分析表明，我国金融资源的行业配置效率近年来总体有所提高，但限于数据的约束等原因，③ 本书的实证分析不够精确，显示的结论还有待进一步论证。

① 2005 年输出结果：Objective value：58631.18　Total solver iterations：113；2006 年输出结果：Objective value：68269.75　Total solver iterations：108；2007 年输出结果：Objective value：83690.36　Total solver iterations：102。

② 一些分析认为我国有相当多的工业行业信贷资金配置敏感度系数为负，说明我国的行业信贷政策并不是根据行业价值创造能力"相机抉择"来调节信贷量的，金融机构在信贷资金配置过程中，没有把各行业的价值创造能力作为重要准绳，价值创造能力强的行业没有成为信贷资金投放的重点。

③ 数据获取的约束导致本书的实证分析存在如下几个问题：一是优化模型的建立在很大程度上取决于各行业生产函数的构建，而对于大国情形下，一种可变投入要素的生产函数形式本身即具有不确定性，本书在实证研究中对生产函数形式的选择，尽管是从经济理论的原理出发（如界定存在边际产出递减规律），但函数的具体形式仍然存在一定的主观性。二是由于本书的实证研究针对信贷资金配置效率问题，数据获取上存在局限。当前针对各行业信贷资源配置的统计数据较难掌握，从常用的 WIND、CEIC、中国经济统计数据库均没有相应数据，有关金融主管部门统计了主要金融机构中长期贷款按实际投向的分类数据，但该数据对行业分类的统计并不完全（即未按 GB2002 分类法统计所有行业的数据），数据时间区间较短，且原始数据尚未对社会公布。我们在模拟部分行业的生产函数时只能采取试错的方法主观模拟生产函数，以期得到具有较高拟合程度并符合设定要求的函数形式，但显而易见结论不够精确。

第五章 金融管理效率分析

——金融产业与其他产业效率的比较研究

随着经济发展水平的提高，金融产业已经成为第三产业的最重要、最具活力的组成部分，相当程度上代表了一国或一地区经济发展的水平。因此，在“金融效率与中国产业发展研究”的研究视野中，将金融业作为一个独立的产业，分析其效率十分重要，可以充分体现金融业自身的发展对产业发展、产业结构调整的重要作用。与宏观层面的功能效率、中观层面的配置效率相对应，微观金融效率研究，如金融管理效率（包括操作效率 Operating Efficiency 等）涉及更加微观的个体层面，如研究具体到单个的金融机构的效率，分析的是金融业自身的投入产出的效率状况。

第一节 金融业是我国国民经济的重要产业

金融业作为金融活动的主要载体，一方面发挥着促进经济增长、配置市场资源的重要职责（即宏观层面的金融功能效率及中观层面的配置效率）；另一方面，作为国民经济的重要组成部分，尤其是第三产业的主要组成部分，其自身的发展对一国或某一地区的经济发展起到重要的作用。同时，金融业作为高附加值的现代服务业，已经成为发达国家发达城市的支柱产业。在纽约、伦敦等世界级国际金融中心城市中，金融业更是城市经济的主体，也是一国综合国力的象征。

一、我国金融产业发展概况

在宏观及中观层面，我国金融业的发展已经充分体现了现代经济核心的作用，对于促进经济增长起到重要的作用；[①] 而将金融业单独作为一个产业，其发挥的作用也日益增大。

1. 我国金融业发展取得重要成就

第一，金融业是我国经济增长的重要组成部分。从 GDP 构成及其变迁情况来看，我国金融业增加值快速增长，2009 年我国金融业创造的现价增加值为 17727.6 亿元，是 1978 年的 260 倍（现价）。金融业增加值在 GDP 中的比重不断提高，已经由 1978 年的 1.87%上升到 2009 年的 5.2%。特别是"十一五"时期，金融业发展速度非常快，2009 年年末，金融业增加值达到 2005 年末的近 3 倍（2.91 倍），成为三次产业中增长最快的产业之一。

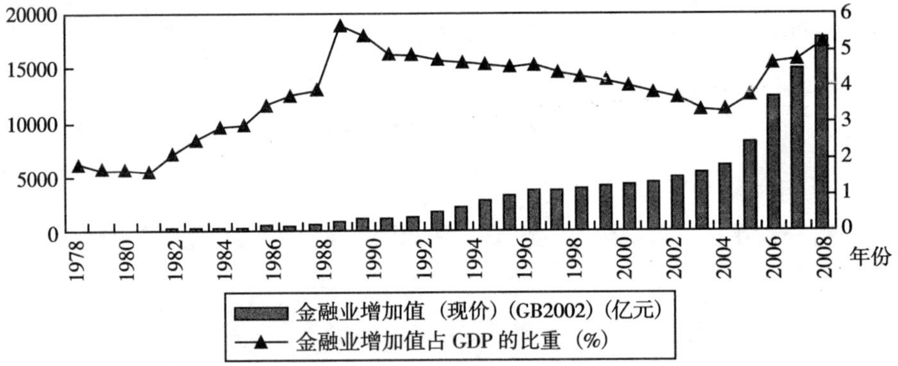

图 5-1　我国 1978~2009 年金融业增加值及其占 GDP 的比重[②]

第二，金融业是创造就业的重要渠道。金融业也是吸纳就业的重

① 新中国成立 60 年来，金融业取得的成就包括存贷款、货币供应量、资金配置量、资本市场筹集资金量等大幅提高，对于促进宏观经济增长发挥了重要作用，体现出金融业的宏观层面的功能效率及中观层面的配置效率，在前文已经进行了论述。本部分强调的是金融产业自身发展的情况。

② 资料来源于《中国经济统计数据库》。

要渠道之一，根据第二次全国经济普查的数据，2008 年年末金融业从业人员为 487 万人，比第一次全国经济普查（2004 年末）增加 112.3 万人，占全国第二产业、第三产业就业人员数也从 1.7%上升到 1.8%。但是应该看到，与产出相比，金融业的就业人员占比要显著更低。

第三，金融业是国民经济活动的重要载体。从单位数来看，根据第二次全国经济普查的数据，2008 年年末金融业从业单位数为 22 万个，占全国从事第二产业、第三产业的法人单位数的 2.5%，比 2004 年末增加 4.3 万个。从资产数额来看，金融业的总资产占全部第二产业、第三产业的法人单位总资产的比重非常高，2008 年年末（二次经济普查数据）金融业总资产达到 86.3 万亿元，占 41.5%，而全部工业企业的总资产为 47.3 万亿元，金融业总资产数远高于全部工业企业总资产。

2. 我国金融业发展与发达国家相比仍然有较大的差异

新中国成立 60 年来，尤其是改革开放 30 年来，我国金融业取得了长足发展，但与发达国家相比，仍然存在很大的差距。

第一，金融业增加值占 GDP 比重仍然较低。20 世纪 90 年代，我国金融服务业对 GDP 的贡献基本保持在 6%左右，2002 年我国金融服务业增加值占 GDP 的比重为 5.66%。根据统计，2007 年金融业增加值占 GDP 比重为 4.44%，① 而 2001 年澳大利亚金融服务业增加值占 GDP 比重为 7.6%、法国为 4.6%、日本为 6.4%、美国为 9%。② 西方发达国家的金融业产出（不是增加值）占 GDP 的比重，在 20 世纪 60 年代就达到了 10%左右，到 20 世纪 90 年代进一步上升到 15%~20%，平均每年增长约 0.3 个百分点。③ 我国金融业增加值占 GDP 的比重与发达国家相比仍然有很大差距。

第二，与金融业增加值占比相比，我国金融业就业水平与发达国家差距更大。从产业规模上，我国金融服务业占国内生产总值的比重与发达国家的比重存在差距，金融业就业比重远远低于发达国家。20

① www.chinanews.com.cn/cj-gncj/news/2008/11-11/1444424.shtml.

② 姚战琪：《现阶段我国金融服务业的结构、效率及公共政策》，《国际贸易》2006 年第 3 期。

③ 吴润生：《对我国金融产出结构与运作效率的分析和思考》，《宏观经济研究》2000 年第 10 期。

表 5-1 各国金融保险、不动产和商业服务业占其国内生产总值比重[①]

单位：%

国家	1980 年	1985 年	1987 年	1988 年	1989 年	1990 年	1991 年
法国	17.72	18.33	19.85	19.74	19.76	19.38	19.41
德国	11.01	13.07	12.63	12.66	12.71	12.33	12.45
意大利	19.39	22.19	23.28	23.53	23.99	24.64	24.89
加拿大	17.69	18.43	19.24	19.42	19.61	19.82	20.47
韩国	11.13	11.75	12.10	13.62	13.22	13.69	14.12
新加坡	18.86	25.50	24.05	23.21	24.05	25.47	14.96
菲律宾	10.02	9.57	9.93	9.85	10.34	10.71	10.84

世纪 90 年代，我国金融服务业对 GDP 的贡献基本保持在 6%左右，2002 年我国金融服务业增加值占 GDP 的比重为 5.66%。2001 年澳大利亚金融服务业增加值占 GDP 比重为 7.6%，法国为 4.6%、日本为 6.4%、美国为 9%。但我国金融服务业就业占总就业的比重远远低于国外平均水平，2002 年我国金融服务业就业占总就业的比重为 0.5%，而 2001 年美国为 4.4%、英国为 4.1%、日本为 3%、德国为 3.3%、加拿大为 4.4%。[②]

第三，与产出、就业相比，金融业的运营效率、科技、管理水平更应该着力提高。我国金融产业取得了长足进步，但一些主要的经营指标及其在国内经济体系中的地位，与国际发达经济体相比仍然存在差距，尤其是在运营效率、科技管理水平等方面。这亦是本书分析的重点，在后文将详细分析。

二、金融业是发达城市的重要支柱产业

现代城市经济的主要特征是现代服务业，北京、上海、深圳等一线城市金融业已经是其城市支柱产业；天津、重庆、武汉等二线城市亦加快金融业的发展，金融业已经成为城市经济的重要增长点。主要

① 吴润生：《对我国金融产出结构与运作效率的分析和思考》，《宏观经济研究》2000 年第 10 期。原表根据世界银行《世界数据表》1996 计算得到。

② 姚战琪：《现阶段我国金融服务业的结构、效率及公共政策》，《国际贸易》2006 年第 3 期。

城市金融业认真贯彻国家金融改革和发展的方针政策，努力营造日益完善的金融组织体系、金融调控监管体系和金融市场体系，试图形成高效的资源配置功能、强劲的金融辐射效应、优质的金融服务水平以及优良的金融生态环境。

1. 金融业是我国经济最发达城市的支柱产业

在北京、上海、深圳这三个中国经济最发达的城市，在经济发展客观基础的支撑以及地方政府的大力推动下，金融业已经成为其重要支柱产业。当前，这三个城市的金融业年增加值均已超过千亿元人民币，占地区生产总值的比重已经达到两位数水平，处于我国金融业发展的最前沿。

作为首都，北京具有金融决策中心、金融信息中心，绝大多数金融企业总部聚集在北京的优势，使得金融业已经成为北京经济的重要特色。近年来，北京市委市政府及有关部门陆续出台了《北京市“十一五”时期金融业发展规划》、《关于促进首都金融产业发展的意见》、《北京市人民政府关于加快首都金融后台服务支持体系建设的意见》、《关于促进首都金融业发展的意见》等政策文件，明确了首都加快金融业发展的战略目标和定位。2009 年，北京金融业实现增加值 1720.9 亿元，占地区生产总值的比重为 14.5%，比上年提高 0.3 个百分点，位列各行

表 5-2　21 世纪以来北京市金融业增加值及其占地区生产总值比重

年　份	金融业增加值	地区生产总值	金融业增加值占地区生产总值的比重（%）
2000	378.2	2460.5	15.37086
2001	430.2	2817.6	15.26831
2002	484.9	3130	15.49201
2003	513.8	3611.9	14.22520
2004	598.6	4283.3	13.97521
2005	792.8	6814.5	11.63402
2006	963.1	7720.3	12.47490
2007	1126.3	9006.2	12.50583
2008	1493.6	10488	14.24104
2009	1720.9	11865.9	14.50290

资料来源：根据北京市历年国民经济和社会发展统计公报整理。

业之首。金融业增加值占 GDP 比重继续保持全国首位，已经成为推动首都经济发展的重要支柱产业。

东方明珠上海，曾经作为亚洲金融业最为发达的城市，在国际金融中心格局中占有重要地位。当前，上海建设国际金融中心已经成为国家战略，上海市围绕做大做强金融产业进行了一系列努力。2009 年，上海市金融业增加值达到 1817.85 亿元，位居全国第一。

表 5-3　21 世纪以来上海市金融业增加值及其占地区生产总值比重

年　份	金融业增加值	地区生产总值	金融业增加值占地区生产总值的比重（%）
2001	685.36	4950.84	13.84331
2002	584.67	5408.76	10.80969
2003	629.08	6250.81	10.06398
2004	741.68	7450.27	9.955075
2005	689.87	9143.95	7.544551
2006	799.37	10296.97	7.763158
2007	1195.27	12001.16	9.959621
2008	1442.6	13698.15	10.531350
2009	1817.85	14900.93	12.199570

资料来源：根据上海市历年国民经济和社会发展统计公报整理。

作为我国改革开放的先行地和试验田，深圳市携证券交易所之便利，金融业发展也走在全国的前列。2009 年，金融业增加值达到 1148.14 亿元，占地区生产总值的比重为 13.99%，占比位居全国第二。

表 5-4　21 世纪以来深圳市金融业增加值及其占地区生产总值比重

年　份	金融业增加值	地区生产总值	金融业增加值占地区生产总值的比重（%）
2000	212.97	1665.24	12.789150
2001	228.64	1954.17	11.700110
2002	256.2	2239.41	11.440510
2003	258.49	2860.51	9.036500
2004	256.73	3422.8	7.500584
2005	307.3	4926.9	6.237188
2006	376.13	5684.39	6.616893
2007	720.32	6765.41	10.647100
2008	1012.16	7806.54	12.965540
2009	1148.14	8201.23	13.999610

资料来源：根据深圳市历年国民经济和社会发展统计公报整理。

2. 区域性重要城市将金融业作为重要的经济增长点

近年来，广州、天津、重庆、武汉等城市纷纷将金融业作为新的经济增长点，金融业自身在地方经济中的作用日益增强，金融业增加值规模日益增大，在地方生产总值中的占比也在不断提高。

广州作为沿海地区经济发展的重镇，最近几年金融业增加值快速增长，2009 年达到 553 亿元，比 2006 增长 134.5%。

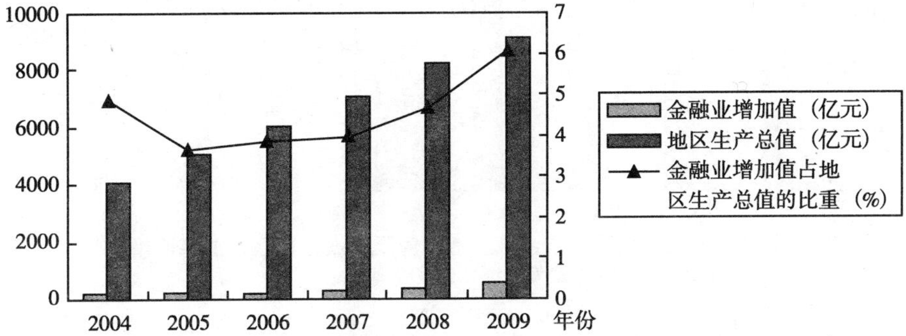

图 5-2 近年来广州市金融业增加值及其占地区生产总值比重

资料来源：根据广州市历年国民经济和社会发展统计公报整理。

在滨海新区作为金融改革创新试验田的带动下，近年来天津的金融业发展取得长足进步。2009 年，金融业增加值达到 421.18 亿元，占地区生产总值的比重也由 2002 年的 3.49%上升到 2009 年的 5.61%。

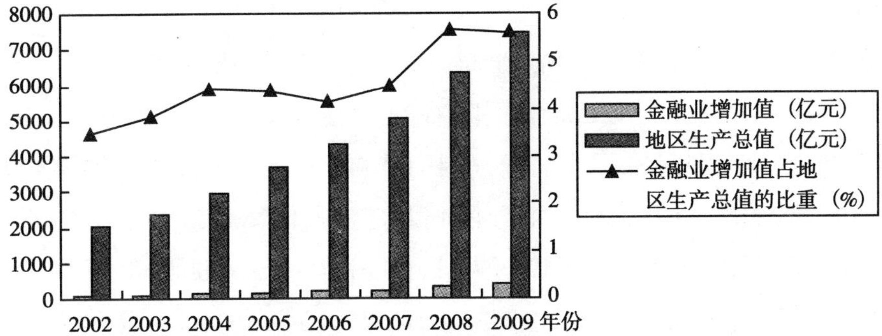

图 5-3 近年来天津市金融业增加值及其占地区生产总值比重

资料来源：根据天津市历年国民经济和社会发展统计公报整理。

中西部地区的特大城市武汉和重庆，近年来也将金融业作为促进地方经济发展的重要方面。2009 年，重庆金融业增加值达到 389.97 亿元，占地方生产总值的比重为 5.97%。武汉金融业发展则取得跨越式发展的态势。2009 年金融业增加值达到 311.3 亿元，是 2005 年末的 3.62 倍，占地方生产总值的比重也由 3.84%上升到 6.82%。

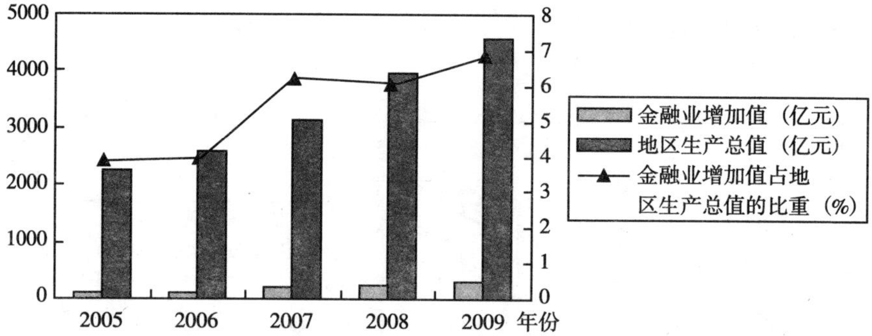

图 5-4　近年来武汉市金融业增加值及其占地区生产总值比重

资料来源：根据武汉市历年国民经济和社会发展统计公报整理。

三、金融业是现代经济的典型特征

金融作为现代经济的核心，其聚集化发展（以国际金融中心为典型代表）是经济金融发展到一定阶段的产物，同时也是综合国力的象征。17 世纪的阿姆斯特丹、第一次工业革命后的伦敦、“二战”后的纽约，就是分别依托于荷兰、英国及美国的综合国力提升而陆续成为世界金融中心。当前，随着经济全球化的发展，全球生产格局和经济运行发生了深刻的变化，发展中国家在全球生产、贸易投资格局中的作用不断增强。特别是在国际金融危机影响下，欧美各国的经济金融发展受到严重冲击，以美元为主导的国际金融体系暴露出很多弊端。中国的经济发展则继续保持了高速增长的态势，已经成为世界最主要经济体之一。在此情形下，抓住难得的历史机遇，加快建设几个具有国际影响力的金融中心城市，进一步获取全球价值链分工及国际金融与贸易的红利，促进我国经济增长方式转变和经济结构调整，成为我国经济发展的战略选择。

当前，我国不同经济发展水平的地区及城市间，其金融业发展的水平代表了不同的经济发展水平。在北京、上海、深圳这三座国内经济最为发达的城市，金融业增加值超过千亿元，在地方生产总值的比重均超过 10%；在天津、广州、重庆、武汉等大型都市，金融业增加值也以百亿元计，且近年来在地方市场总值中的比重快速上升。总的来看，越发达的地区，金融业增加值越高，占地区生产总值的比重也越高，反映出金融业作为现代经济支柱产业的重要特征，在发达经济体中是高附加值行业，是第三产业中最具活力的行业。

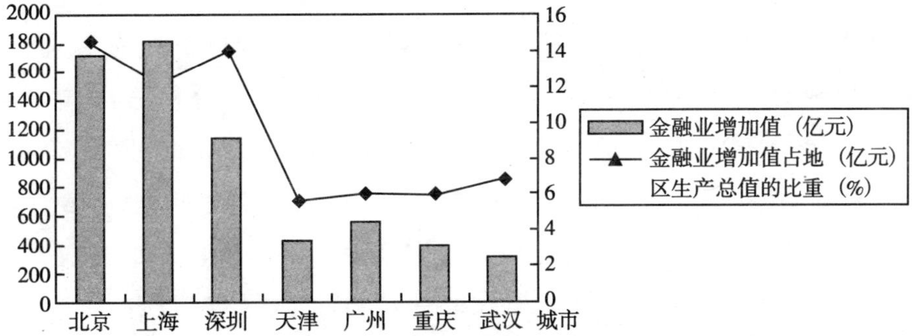

图 5-5　主要城市金融业增加值及其占地区生产总值比重比较

资料来源：根据北京、上海、深圳、天津、广州、重庆、武汉 2009 年国民经济与社会发展统计公报计算。①

第二节　金融产业效率研究的方法

对金融产业（或是具体金融机构）的效率研究方法，主要分为两大类：一是经济（财务）视角的分析；二是所谓技术（生产）视角的分析。

① 在全国主要城市中，仅有上述城市在其地方国民经济与社会发展统计公报中公布了金融业增加值数据，沈阳、大连、西安、南京、杭州、厦门等其他经济相对发达地区则未公布地方金融业增加值的统计数据。此外，据有关媒体报道，伦敦、纽约、东京三大国际金融中心，金融业增加值占地方生产总值的比重都超过 18%。

一、经济视角的微观金融效率研究方法

经济（财务）分析方法是研究微观金融效率的最为基础的方法。传统的绩效评价一般基于金融机构提供的财务报表，运用一组财务指标和一定的评估方法，对其经营目标实现程度进行考核和评价。财务分析法以比率分析法为基础，一般以净资产收益率（ROE）为核心，涉及金融机构经营中的多个经营指标，包括盈利性、流动性、安全性等各个方面。随着新方法的不断涌现，财务分析法逐渐由单纯的财务指标过渡到财务衍生指标，从单一指标分析过渡到模糊指标综合评价，并与非财务分析方法相结合。目前，较常用的财务分析方法包括杜邦分析法、经济增加值（EVA）法、层次分析法（AHP）、因子分析法、主成分和神经网络组合分析法（P&N）、平衡计分卡分析法（BSC）等。

在一系列针对金融机构财务评析体系基础上，国内比较权威的对金融机构（主要是商业银行）绩效的评价方法主要有三种：

一是中国人民银行制定的《国有独资商业银行考核评价办法》。2000年，中国人民银行针对国有独资商业银行等金融机构贷款质量、盈亏状况等开展大检查，对国有独资商业银行的经营业绩进行定量考核，主要从资产质量、盈利及减亏能力、流动性及资本充足率四个方面进行动态评估。

表 5–5　国有独资商业银行考核评价指标体系①

考核内容	指标	考核内容	指标
A 盈利能力	资产利润率	B 流动性	流动比率
	资本利润率	C 资产质量	逾期贷款率
	人均利润		呆滞贷款率
	利息回收率		呆账贷款率
	应付利息充足率		信贷资产风险抵补率
	效率比率	D 资本充足比率	核心资本比率
			资本充足率

① 谢平等：《运用信用评级原理加强金融监管》，《管理世界》2001年第1期。

二是财政部制定的《企业绩效评价工作指南》。[①] 2002 年，财政部发布的《企业绩效评价工作指南》，针对金融类企业的共性特征及商业银行的个性特征设计指标评价体系。

表 5-6 财政部关于金融企业绩效评价指标

指标分类	指标分类	详细指标
商业银行及保险公司等金融企业的共性指标	流动性指标	流动比率
		资产负债率
	安全性指标	资本充足率
		不良资产比率
	盈利性指标	净资产收益率
		资产收益率
商业银行的个性指标	流动性指标	备付金比率
		存贷比率
		现金流量充足性比率
	安全性指标	风险资产抵补率
		加权风险抵补率
		核心资本充足率
	盈利性指标	利息回收率
		人均利润额
		应付利息充足率
	发展能力指标	存款增长率
		贷款增长率
		资本增长率

三是中国银行业监督管理委员会发布的《股份制商业银行风险评级体系（暂行）》、[②]《商业银行监管评级内部指引（试行）》[③] 及相关规定。在参考《巴塞尔协议》[④] 有关规定的基础上，2004 年，中国银行业监督管理委员会关于引发《股份制商业银行风险评价体系（暂行）》的通知，规定要求对商业银行风险状况进行全面评估，并主要从经营绩效、资产质量和审慎经营三大类以及总资产回报率、股本净回报率、资本充

① 原财政部统计评价司编：《企业绩效评价工作指南》，北京，经济科学出版社，2002 年第 277~279 页。

② 中国银行业监督管理委员会关于印发《股份制商业银行风险评价体系（暂行）》的通知，银监发〔2004〕3 号。

③ 中国银行业监督管理委员会关于印发《商业银行监管评级内部指引（试行）》的通知，银监发〔2005〕88 号，2005 年 12 月 30 日。

④《巴塞尔协议》的版本不断更新，在国际金融危过后，国际社会对《巴塞尔协议Ⅱ》的缺陷进行了反思，并推出了《巴塞尔协议Ⅲ》，截至 2010 年 9 月末，《巴塞尔协议Ⅲ》的基本框架已经出台。

足率、不良贷款率、成本收入比、单一客户授信集中度、不良贷款拨备覆盖率 7 个方面提出监管要求。2005 年，中国银行业监督管理委员会进一步出台《商业银行监管评级内部指引（试行）》，两份文件对我国商业银行包括盈利能力、风险管理等方面的指标进行了规定。主要的评价标准如表 5-7 所示。

表 5-7　中国银监会关于股份制商业银行评价体系①

	大类	主要项目
1	资本充足状况评价标准	资本充足率、核心资本充足率、其他定性指标
2	资产安全状况评价标准	不良贷款率、估计贷款损失率、拨备覆盖率等
3	管理状况评价标准	内部控制状况、公司治理
4	盈利状况评价标准	资产利润率、资本利润率等
5	流动性状况评价标准	流动性比率、人民币超额准备金比率、存贷款比率
6	市场风险评价	金融机构盈利性或资产价值对利率、汇率、商品价格或产权价反向变动的敏感程度等
7	银行评级	单项及综合考察

对我国金融产业的财务效率分析，一般多参考上述评价体系。同时，对于财务视角的效率分析一般分为两类：一是对整体金融产业的分析；二是针对具体金融行业的分析，如专门针对商业银行的财务效率分析等。其中第二类的研究更多。下文在分析我国金融产业的效率时，同样借鉴了以上评价体系及有关指标。

二、技术视角的微观金融效率研究方法

技术视角的金融效率研究一般针对某个类型的金融机构，研究其经营管理的效率状态，如商业银行效率的研究等。生产前沿函数（Frontier Production Function）是微观效率研究中最普遍采用的方法之一。Solow（1957）从微观层面探讨企业效率研究的新方法，第一次引

①《股份制商业银行风险评价体系（暂行）》及《商业银行监管评级内部指引（试行）》中关于评价指标设计及评分的标准基本一致。本书主要摘录《股份制商业银行风险评价体系（暂行）》的相关规定。后文对我国金融产业效率的指标设计主要参考该体系。其详细指标请见附录四的说明。

入了前沿生产函数的概念，并以此作为资源利用的评价标准。前沿分析的核心是根据已知的一组投入产出观察值，定义出所有可能的投入产出组合边界（生产前沿面），使所有观察值均在边界之内。前沿效率是一种相对概念，效率前沿面始终由样本中最佳机构（100%有效机构）或其组合构成。在给定的技术条件和外生市场因素的条件下，以最小投入获得最大报酬或实现利润最大化的机构（如企业、银行等），即为效率前沿机构，而待考察的效率损失即为相对于效率前沿机构的偏离程度。

针对某类金融机构操作效率的研究一般分为两个步骤：第一步，利用前沿分析方法确定效率的定义及测度技术，通过对样本机构投入产出结果进行比较分析，测算出每家银行相对于“最佳”机构的距离（效率值）及在全部样本中的排名；第二步，是根据研究目的，探讨银行效率的相关因素，即包括市场和管制特点等影响银行效率的外生因素，也包括银行结构、资产组合、内部管理差异等内生因素，特别是通过内生因素的分析来解释所观测到的银行间效率的巨大差异。第二步的分析通常使用一组可能对银行效率差异产生影响的变量进行回归和相关分析，找出影响效率的主要因素，评价金融监管的效果及影响。

前沿分析法可以分为非参数方法和参数方法。非参数方法无须估计前沿生产函数的参数及函数具体形式，参数方法根据不同假设选定生产函数的不同形式并对其中的参数进行估计。

第一，参数方法。参数法使用计量模型，需要预先设定目标函数和随机干扰项后进行评估，函数的形态通常为生产函数、成本函数和利润函数。随机干扰项则包括无法控制的白噪声误差和无效率部分。参数法需要研究者主观设定函数和随机干扰项形式，这样容易导致误差。参数分析方法主要包括：

随机前沿方法（Stochastic Frontier Approach，SFA）：SFA 通常将随机干扰项分解成两项，其中，白噪声误差项假设为对称的常态分布，另外一项代表无效率部分则给予不同的分布假设，常用的有半常态分布（Half-normal）、截断常态分布（Truncated-normal）、指数分布

(exponential) 和 Gamma 分布等。

自由分布法 (Distribution-Free Approach, DFA): DFA 在假设企业的经济效益于样本期内不变，并区分为不需假设无效率与模型中解释变量不相关的固定效果模型和需要假设无效率与解释变量不相关的随机变量模型。

厚前沿方法 (Thick Frontier Approach, TFA): TFA 将所有样本按资产规模的大小区分为若干组，分别针对平均成本最低和最高的两组估计其成本函数，再将这两条成本函数的差距分解成市场因素及无效率部分，组中的差异假设是随机的。

第二，非参数方法。非参数方法主要有数据包络分析 (Data Envelopment Analysis, DEA) 和无界分析 (Free Disposal Hull, FDH)。

DEA 方法最初由 Charnes 等 (1978) 提出，并用于评估公共和非营利部门的效率，其后被引进银行等金融机构之间的效率评价 (Sherman 等，1985)，由此，微观配置效率研究得以深化。

DEA 方法是技术视角研究的主流方法，针对国际大型金融机构的研究多以此为代表，如 Ranganet 等 (1988) 运用 DEA 方法检验了 215 家美国银行的技术效率；Casuet 等 (1999) 运用 DEA 方法与 Tobit 回归模型检验了欧盟一体化进行与欧洲银行系统生产效率之间的关系；Sathye (2003) 对印度的银行效率进行了实证研究。

与参数法相比，以 DEA 为代表的非参数法有如下一些优点：一是无须知道生产函数的具体形式，在研究中受到的约束较少；二是处理多投入和多产出情况较为容易；三是将被评价机构的 DEA 技术效率与最佳企业相比，可以评价被评价机构的投入利用效率，还可以测出被评价机构的哪些投入的使用效率低，从而找出改进效率的最佳途径；四是可以得到被评价机构的 DEA 技术效率以及 DEA 规模效率、DEA 纯技术效率和 DEA 配置效率，对机构的评价更加全面。非参数前沿效率分析方法的缺点主要有：一是在不考虑运气成分、数据问题或其他计量问题引起的随机误差情况下，如果随机误差存在，则评价的效率值可能会与随机的偏离混在一起；二是与参数法相比，非参数法不能方便地检验结果的显著性；三是非参数方法一般忽略价格，一般更关心技术上最优而不是经济上最优。①

第三节 金融产业效率测算及与其他行业的比较分析——以各行业代表性大企业集团为例②

借鉴针对微观效率研究的财务视角方法和技术视角方法，选取12个主要行业（包括金融业），通过典型的财务指标分析其经济效率，同时在财务效率的基础上，借鉴前沿生产函数的思想及有关通行方法，构建一套针对不同行业的效率评价框架，分析不同指标的相对效率指标，最后比较有关金融业与其他行业的效率状况。

一、分析对象及研究特点

1. 关于分析对象的几个说明

（1）关于分析对象的统计范围。鉴于针对主要行业的全部企业数据很难掌握，本书的分析主要选取各个行业的代表性企业集团进行研究，主要数据来源于国家统计局近年来出版的各年《中国大企业集团》。统计分析中的大企业集团系指以母子公司为主体，通过投资及生产经营协作等多种方式，与众多的企事业单位共同组成的经济联合体。企业集团内部的统计范围包括：企业集团的母公司、在中国境内的境外的全资子公司（单位）、绝对控股子公司（单位）和相对控股子公司（单位）；不包括参股和协作企业（单位）。从总部企业的涵盖范围来

① Kaparakis，EI，Miller S. M. and Noulas A. G.，"Short-run Cost Inefficiency of Commercial Banks：A Flexible Stochastic Frontier Approach"，*Journal of Money，Credit，and Banking*，1994，pp.875-893.

② 本部分比较分析代表性行业的效率，以大型企业集团为例，样本数量相对有限，特别是金融机构不能很好地代表我国金融行业的整体水平。在附录六中，提供了一个金融业与工业的简要比较说明，作为补充。

看，主要包括：一是中央企业；二是由国务院批准的国家试点企业集团；三是由国务院主管部门批准的企业集团；四是由省、自治区、直辖市人民政府批准的企业集团；五是年营业收入（主营业务收入与其他业务收入之和，下同）和年末资产总计均在5亿元及以上的其他各类企业集团。

（2）主要行业及金融业主要企业集团。鉴于《中国大企业集团》主要针对包括金融业在内的12个行业进行了分类统计，我们对金融业与其他行业的比较也主要从这12个行业展开。具体行业为：

农林牧渔业，采矿业，制造业，电力、燃气及水的生产和供应业，建筑业，交通运输、仓储和邮政业，信息传输、计算机服务和软件业，批发和零售业，住宿和餐饮业，金融业，房地产业，其他行业。需要特别指出的是，金融业统计的大企业集团范围相对有限，主要包括中国平安保险（集团）股份有限公司、中国太平洋保险（集团）股份有限公司、中国光大（集团）总公司、安徽国元控股集团、中国中信集团公司、青海省投资集团有限公司、辽宁能源投资（集团）有限责任公司、深圳市天略发展集团有限公司、上海久联集团有限公司等13家从事证券、保险及其他金融活动的大型企业集团（最新统计的2008年为13家，企业集团家数在发生变化）。

（3）数据统计时间。鉴于目前较新的《中国大企业集团》的统计时间截至2008年（系2009年10月出版的《2008中国大企业集团》），我们对有关时间序列的分析截至2008年，而起始时间由于各分析指标的统计起始时间不同而有所不同。企业一般经营指标起始于1997年，企业财务指标起始于2004年，企业银行借贷指标起始于2006年。我们在比较分析不同类型的企业集团经营效率时主要选择近3年的可比情况（2006~2008年）进行分析。

2. 研究方法及过程说明

研究的主要指导思想是结合财务分析与技术分析方法，选取《中国大企业集团》对不同行业企业集团的统计数据，比较金融业与其他行业效率。

第一步：财务视角的分析。作为一种生产要素组合的形式，企业集团虽然较一般企业更为复杂，但对其效率的分析衡量依然需要从其生产函数出发。一般认为生产函数是描述生产过程中投入的生产要素的某种组合与它可能的最大产出之间依存关系的数学表达式。Cobb-Douglas 生产函数由于结构简单、经济意义明显且容易估计，最具有代表性，其基本表达式为：$Y_t = A_t K^{\alpha}_t L^{\beta}_t$。其中 Y_t、A_t、K_t、L_t 分别为实际产出、技术水平、资本投入和劳动投入；α 和 β 分别是资本和劳动的产出弹性。由于技术水平较难衡量，许多研究生产函数的文献多假定技术水平为希克斯中性，即技术水平 A 与资本 K、劳动 L 相互独立，通过简化的方式研究资本和劳动力两者作为生产要素投入的生产函数。有鉴于此，本书对企业集团效率的衡量亦从资本（物质资本）和劳动（人力资本）两大方面出发，分别选取不同的指标比较不同所有制及规模分类的企业集团生产要素的效率。

其中物质资本的指标主要包括：净资产收益指标、总资产收益指标、成本费用利润指标、资金利润指标、资本保值增值指标 5 大方面，具体财务指标分别为净资产收益率、总资产报酬率、总资产利税率、成本费用率、资金利润率、资本保值增值率 6 项，其中总资产报酬率、总资产利税率均属于总资产收益指标。人力资本的指标主要从劳动创造价值指标出发，选取劳动生产率说明问题。

财务指标的分析主要统计 2006~2008 年各个指标的平均值，以此对 12 个行业进行比较。同时为了弥补数据统计期间较短带来的统计稳定性较差的缺陷，在统计平均值之外，还对各个行业各个指标的标准差及变异系数进行计算。

在财务视角的分析中，为了便于技术视角的进一步比较研究，不仅统计了各个指标的平均值及标准差、变异系数，同时对 12 行业的统计数据进行了排名。其中平均值的排名按照从最高到最低的数值进行排名，即平均值最高的行业排名第一，平均值最低的行业排名最后（12），即越高越好；对变异系数的排名按照从最低到最高进行排名，即变异系数最低的行业排名第一，变异系数最高的行业排名最后，即越低越好。

第二步：技术视角的分析。在技术视角的分析中，首先借鉴前文介绍的有关金融管理部门的评价方法，设计一套评价框架。然后根据不同行业不同指标的相对排名进行评分，并以相对排名进行评分，一方面体现的是前沿生产函数中效率研究相对差距的思想（效率反映了某评价单元距离最优评价单元的效率差距）；另一方面可以去量纲化，使得各个指标间可以进行汇总比较，也使得分析比较更为全面。

在对不同行业采取前沿分析法的思想进行排名统计中，涉及两个权重的选取。一是不同指标需要设计不同的权重。总体来看，效率涉及物质资本的效率及人力资本的效率，而物质资本的效率是一般统计中更加看重的指标，其权重设置为80%，人力资本的权重设计为20%。在物质资本指标内部，其5大方面各占据20%的权重，其中总资产效率指标的两个细项指标各占据10%的权重，即具体财务指标分别为净资产收益率20%、总资产报酬率10%、总资产利税率10%、成本费用率20%、资金利润率20%、资本保值增值率20%、净资产收益率20%、总资产收益率20%。人力资本的效率即劳动生产率，占20%。二是为了更加准确地反映各个指标不同行业的差距水平，一方面主要依据平均值进行排名（即各个行业的直接差距），另一方面为了反映指标的稳定性（由于统计数据的仅有3年的指标，且这3年包括了国际金融危机发生的特殊时期，所以稳定性指标显得十分重要），在排名中考虑变异系数的影响。我们设计平均值的权重为80%，变异系数为20%。在对12个行业各个指标进行排名的评分后，得到各个行业的总评价排名，此即为对12个行业的总体效率评价。

3. 研究的特点

与已有的微观金融效率的研究相比，本研究具有如下两个特点：一方面是将金融业作为一个整体，分析其效率，并与其他产业进行比较。作为一个整体的金融产业，主要涉及银行、证券、保险三大类，而在已有文献的研究中，将上述三大产业作为一个整体进行研究的不多见，一般从技术视角分析进行相对效率的研究。另一方面本书的分析以经济视角为基础，结合部分技术视角进行分析，这与以往多以某个单独的金融业（如银行业），多以 DEA 分析的相对效率研究不同，既反映了一种全面的绝对概念的效率，也体现了相对概念的效率。

二、金融产业与其他行业效率的描述

从财务视角出发，选取物质资本及人力资本方面，描述金融业与其他 11 个行业企业集团的不同指标的效率状况，并进行简单比较。

1. 资本视角的比较

从资本视角来看，主要包括净资产收益指标、总资产收益指标、成本费用利润指标、资金利润指标、资本保值增值指标 5 大方面，以下具体分析净资产收益率、总资产报酬率、总资产利税率、成本费用率、资金利润率、资本保值增值率 6 项财务指标，其中总资产报酬率、总资产利税率均属于总资产收益指标。

（1）净资产收益指标。净资产反映了一个企业占用自身资源的情况，净资产收益率是反映盈利能力的最为重要的指标，体现的是企业使用资源的效率。使用净资产收益率[①] 来比较金融业企业集团与其他行业企业集团的效率情况。通过对 12 个行业 2006~2008 年的净资产收益的统计发现，金融业在全部 12 个行业中的净资产收益率处于较好的水平，其中 2006 年及 2007 年的净资产收益率位列 12 个行业之首，3 年的平均水平也位居各行业之首。但是受到国际金融危机的影响，金融业 2008 年的净资产收益率大幅降低，仅略高于以公共事业为主的电力、燃气及水的生产和供应业。

同时，金融业净资产收益率的标准差远高于其他行业（从变体系数来看，其数值位居第三），反映了其较大的波动性及行业的高风险特点。

---

① 净资产收益率 $= \dfrac{\text{净利润}}{\text{所有者权益}} \times 100\% = \dfrac{\text{利润总额}-\text{应交所得税}}{\text{所有者权益}} \times 100\%$

表 5-8 金融业与其他行业大企业集团净资产收益率比较

单位：%

	全国总计	农、林、牧、渔业	采矿业	制造业	电力、燃气及水的生产和供应业	建筑业	交通运输、仓储和邮政业	信息传输、计算机服务和软件业	批发和零售业	住宿和餐饮业	金融业	房地产业	其他
2006 年	9.37	3.44	13.51	9.69	5.95	9.03	5.70	9.14	8.96	7.46	17.20	10.83	7.33
2007 年	10.65	4.80	12.35	12.37	4.98	10.86	6.84	10.27	11.93	5.38	15.91	11.53	10.17
2008 年	7.40	5.87	10.77	8.45	0.01	9.00	1.68	9.96	10.65	5.17	5.00	9.22	6.54
平均值	9.14	4.70	12.21	10.17	3.65	9.63	4.74	9.79	10.51	6.00	12.70	10.53	8.01
平均值排名①	—	11	2	5	12	7	10	6	4	9	1	3	8
标准差	1.64	1.22	1.38	2.00	3.19	1.07	2.71	0.58	1.49	1.27	6.70	1.18	1.91
变异系数	0.18	0.26	0.11	0.20	0.87	0.11	0.57	0.06	0.14	0.21	0.53	0.11	0.24
变异系数排名②	—	9	2	6	12	2	11	1	5	7	10	2	8

（2）总资产收益指标。总资产是企业集团占用全社会物质资本的主要表现形式，总资产回报情况是衡量企业集团价值创造能力的首要方面。

从总资产报酬率③来看，金融业的总资产报酬率偏低。总资产报酬率体现的是企业集团占用全部社会资源的回报情况，考虑到银行信贷资金的借款成本差异（不同类型的企业集团的信贷资金占用的成本存在较大的不同，且银行利息的支出也是企业经营效果的体现，利息只是利润在不同部门的再次分配而已，对全社会贡献不产生总量的影响），因此将利息因素考虑进来计算企业集团的总资产报酬率很有必要。

从总资产报酬率情况来看，金融业的表现相对较差，不仅总资产收益率处于全部行业之尾，且变异系数亦最高。如果将企业集团的纳税情况考虑进来，测算其总资产的综合贡献（纳税亦是产出的再分

① 平均值排名按照从高到低排序，下同。

② 变异系数排名按照从低到高排序，下同。

③ 总资产报酬率 $= \frac{\text{利润总额}+\text{利息净支出}}{\text{资产总计}} \times 100\%$

配），使用资产利税率① 来比较金融业与其他行业的总资产收益情况，可以看出金融业的资产利税率处于倒数第一，且变异系数最高。这与总资产报酬率的情况相同。

表 5-9 金融业与其他行业大企业集团总资产报酬率比较

单位：%

	全国总计	农、林、牧、渔业	采矿业	制造业	电力、燃气及水的生产和供应业	建筑业	交通运输、仓储和邮政业	信息传输、计算机服务和软件业	批发和零售业	住宿和餐饮业	金融业	房地产业	其他
2006 年	5.82	2.45	11.36	6.27	4.57	3.49	4.26	8.96	4.74	5.35	1.17	4.8	4.61
2007 年	6.53	2.98	10.41	7.59	5.24	4.04	3.49	10.33	6.13	4.68	3.73	5.29	5.49
2008 年	4.67	3.21	8.77	5.49	2.51	3.52	1.49	8.73	5.75	4.48	2.03	4.43	4.23
平均值	5.673	2.88	10.18	6.45	4.1067	3.6833	3.08	9.34	5.54	4.8367	2.31	4.84	4.78
排名	—	11	1	3	8	9	10	2	4	6	12	5	7
标准差	0.939	0.3897	1.31	1.0615	1.4228	0.3092	1.42979	0.865	0.7184	0.4557	1.303	0.4314	0.65
变异系数	0.165	0.1353	0.129	0.1646	0.3465	0.084	0.46422	0.0926	0.1297	0.0942	0.564	0.0891	0.14
排名	—	7	4	9	10	1	11	3	6	4	12	2	8

表 5-10 金融业与其他行业大企业集团资产利税率比较

单位：%

	全国总计	农、林、牧、渔业	采矿业	制造业	电力、燃气及水的生产和供应业	建筑业	交通运输、仓储和邮政业	信息传输、计算机服务和软件业	批发和零售业	住宿和餐饮业	金融业	房地产业	其他
2006 年	7.96	2.44	16.55	9.38	6.39	6.21	3.97	9.41	5.53	5.9	1.41	5.75	4.79
2007 年	8.64	2.94	16.27	10.67	7.1	6.72	3.32	11.06	6.79	5.25	3.18	6.3	6.05
2008 年	6.6	3.67	15.75	8.15	3.36	6.17	1.19	10.11	6.52	5.13	1.26	5.33	4.36
平均值	7.73	3.02	16.19	9.40	5.62	6.37	2.83	10.19	6.28	5.43	1.95	5.79	5.07
平均值排名	—	10	1	3	7	4	11	2	5	8	12	6	9
标准差	1.04	0.62	0.41	1.26	1.99	0.31	1.45	0.83	0.66	0.41	1.07	0.49	0.88
变异系数	0.134	0.205	0.0251	0.134	0.3536	0.048	0.514	0.0812	0.1056	0.076	0.548	0.084	0.173
变异系数排名	—	9	1	7	10	2	11	4	6	3	12	5	8

① 资产利税率$=\frac{\text{企业集团利税总额}}{\text{资产总计}}\times 100\%=\frac{\text{企业集团利税总额+营业税金及附加+应交增值税}}{\text{资产总计}}\times 100\%$

从总资产收益情况来看，金融业的总资产报酬率和资产利税率处于各行业最低水平，主要是受到较高的资产负债率的行业特点决定。因此，金融业较低的总资产回报率是正常的，其主要就是依靠高杠杆（高资产负债率）经营。从金融业与其他行业的资产负债率比较来看，金融业的资产负债率的水平在90%左右，比其他行业普遍高出20个百分点以上。

表 5–11　金融业与其他行业大企业集团资产负债率比较

单位：%

	全国总计	农、林、牧、渔业	采矿业	制造业	电力、燃气及水的生产和供应业	建筑业	交通运输、仓储和邮政业	信息传输、计算机服务和软件业	批发和零售业	住宿和餐饮业	金融业	房地产业	其他
2006年	62.04	75.79	42.04	60.7	63.2	77.76	59.59	38.1	68.82	53.34	94.1	72.1	61
2007年	62.29	74.55	41.38	60.1	63.9	77.79	71.65	34.51	68.57	50.31	85.8	71.4	64
2008年	64.34	64.94	42.18	61.1	67.9	78.21	77.56	37.6	69.21	54.85	87.4	70.6	62
平均	62.89	71.76	41.87	60.63	64.96	77.92	69.60	36.74	68.87	52.83	89.10	71.37	62.23
排名	—	3	11	9	7	2	5	12	6	10	1	4	8

（3）成本费用利润指标。成本费用利润率① 反映的是企业投入的生产成本和费用的经济效益。

表 5–12　金融业与其他行业大企业集团成本费用率比较

单位：%

	全国总计	农、林、牧、渔业	采矿业	制造业	电力、燃气及水的生产和供应业	建筑业	交通运输、仓储和邮政业	信息传输、计算机服务和软件业	批发和零售业	住宿和餐饮业	金融业	房地产业	其他
2006年	7.67	1.76	22.98	5.81	6.99	2.67	8.62	28.09	2.58	9.17	12.17	15.38	11.14
2007年	8.84	2.45	19.98	7.1	8.11	3.54	10.58	30.32	3.6	9.48	17.81	19.06	15.58
2008年	5.75	3.41	15.54	4.52	1.03	2.92	3.27	27.15	2.99	7.11	6.18	16.93	9.72
平均值	7.42	2.54	19.50	5.81	5.38	3.04	7.49	28.52	3.06	8.59	12.05	17.12	12.15

① 成本费用利润率 $= \frac{\text{利润总额}}{\text{成本费用总额}} \times 100\% = \frac{\text{利润总额}}{\text{产品销售成本+销售费用+管理费用+财务费用}} \times 100\%$

续表

	全国总计	农、林、牧、渔业	采矿业	制造业	电力、燃气及水的生产和供应业	建筑业	交通运输、仓储和邮政业	信息传输、计算机服务和软件业	批发和零售业	住宿和餐饮业	金融业	房地产业	其他
平均值排名	—	12	2	8	9	11	7	1	10	6	5	3	4
标准差	1.56	0.83	3.74	1.29	3.81	0.45	3.78	1.63	0.51	1.29	5.82	1.85	3.06
变异系数	0.21	0.326	0.192	0.222	0.70783	0.147	0.5052	0.0571	0.168	0.15	0.4825	0.1079	0.2517
变异系数排名	—	9	6	7	12	3	11	1	5	4	10	2	8

从成本费用利润率情况来看，金融业总体情况较好，2006~2008年3年间的平均值位于12个行业的第五，处于中等偏上水平，但是其稳定性亦较差。

(4) 资金利润指标。资金利润率① 反映了企业占用资金的收益情况。由于金融业占据了较高的资金（与较高的资本负债率有关），金融业的资金利润率并不理想，在12个行业中仅高于农、林、牧、渔业，且变异系数较高，反映出其不稳定性。

表 5-13 金融业与其他行业大企业集团资金利润率比较

单位：%

	全国总计	农、林、牧、渔业	采矿业	制造业	电力、燃气及水的生产和供应业	建筑业	交通运输、仓储和邮政业	信息传输、计算机服务和软件业	批发和零售业	住宿和餐饮业	金融业	房地产业	其他
2006年	6.41	1.33	14.11	6.55	3.94	3.49	4.19	9.33	4.74	5.74	2.12	5.82	5.58
2007年	9.5	2.11	17.93	9.94	6.17	4.58	6.08	31.79	7.31	6.61	5.83	6.57	8.32
2008年	6.67	3.64	18.73	6.97	0.97	3.71	1.76	29.16	6.63	6.61	1.83	4.98	5.82
平均值	7.53	2.36	16.92	7.82	3.69	3.93	4.01	23.43	6.23	6.32	3.26	5.79	6.57
平均值排名	—	12	2	3	10	9	8	1	6	5	11	7	4

① 资金利润率 = $\frac{\text{利润总额}}{\text{固定资产净值+流动资产平均余额}} \times 100\%$

续表

	全国总计	农、林、牧、渔业	采矿业	制造业	电力、燃气及水的生产和供应业	建筑业	交通运输、仓储和邮政业	信息传输、计算机服务和软件业	批发和零售业	住宿和餐饮业	金融业	房地产业	其他
标准差	1.71	1.18	2.47	1.85	2.61	0.58	2.17	12.28	1.33	0.50	2.23	0.80	1.52
变异系数	0.228	0.498	0.1459	0.236	0.706	0.147	0.54	0.5241	0.2139	0.079	0.6842	0.137	0.231
变异系数排名	—	8	3	7	12	4	10	9	5	1	11	2	6

（5）资本保值增值指标。对于股东而言，特别是在具有通畅的退出渠道情形下，资本保值增值率① 是最为关注的指标，直接反映了其投入资本价值的变化情况。从最近 3 年来看，金融业的资本保值增值率远高于其他 11 个行业，比全国平均水平高出约 37 个百分点。但是其波动情况也远大于其他行业（标准差与其他行业相比不属于一个数量级），反映出其经营的不稳定性及风险性。

表 5–14　金融业与其他行业大企业集团资本保值增值率比较

单位：%

	全国总计	农、林、牧、渔业	采矿业	制造业	电力、燃气及水的生产和供应业	建筑业	交通运输、仓储和邮政业	信息传输、计算机服务和软件业	批发和零售业	住宿和餐饮业	金融业	房地产业	其他
2006 年	115.6	103.1	122.4	114.0	111.1	137.9	118.5	110.0	116.4	124.0	104.1	119.1	120.8
2007 年	124.4	118.2	124.7	125.4	114.5	136.5	120.8	111.1	125.4	121.2	257.1	135.0	132.8
2008 年	111.2	119.0	119.7	111.6	102.6	118.5	108.2	105.1	111.4	95.5	102.1	117.5	116.1
平均值	117.0	113.4	122.3	117.0	109.4	131.0	115.8	108.7	117.7	113.6	154.5	123.9	123.3
平均值排名	—	10	5	7	11	2	8	12	6	9	1	3	4
标准差	6.70	8.91	2.55	7.36	6.12	10.80	6.72	3.17	7.09	15.73	88.88	9.67	8.62
变异系数	0.0573	0.0786	0.0208	0.063	0.0559	0.0824	0.058	0.0292	0.0602	0.1385	0.5755	0.078	0.07
变异系数排名	—	9	1	6	4	10	3	2	5	11	12	8	7

① 资本保值增值率 $= \frac{\text{本年股东权益合计}}{\text{上年股东权益合计}} \times 100\%$

同时，最近3年的情况与金融业选取的样本及统计时间段有关。2007年是我国证券市场行情极其繁荣的一年，且金融业的统计样本是以光大、中信、平安为代表的从证券市场获益极大的金融企业集团（自身就从事证券行业或者投资了众多的资本市场股权）。因此，其代表性存在一定的问题。2008年则是由于受到金融危机的冲击。但是，总体来看，金融业较高的资本保值增值率仍然是一件令人欣慰的事情。

2. *劳动力视角的比较*

与物质资本相对应，人力资本（劳动力投入）是生产函数构成的另外一个主要方面。一般认为劳动生产率①是反映劳动力效率的最重要指标之一。劳动生产率反映的是企业集团营业收入与从业平均人数的比率，体现了企业集团劳动力投入的价值创造能力。从最近几年的情况来看，金融业的劳动生产率处于快速上升阶段，2008年位于各行业之首。

表5-15　金融业与其他行业效率综合评价指标体系

单位：万元/人

	全国总计	农、林、牧、渔业	采矿业	制造业	电力、燃气及水的生产和供应业	建筑业	交通运输、仓储和邮政业	信息传输、计算机服务和软件业	批发和零售业	住宿和餐饮业	金融业	房地产业	其他
2006年	63.00	8.43	42.99	72.66	96.72	36.91	56.91	54.88	136.70	25.67	111.42	88.61	64.37
2007年	71.80	9.43	50.42	87.23	112.50	41.05	46.18	58.56	149.38	29.73	123.09	106.50	74.71
2008年	82.76	8.84	64.86	99.93	119.07	44.88	52.36	64.65	162.91	31.95	168.33	119.31	77.25
平均	72.52	8.90	52.76	86.61	109.43	40.95	51.82	59.36	149.66	29.12	134.28	104.81	72.11
平均值排名	—	12	8	5	3	10	9	7	1	11	2	4	6
标准差	9.90	0.50	11.12	13.65	11.49	3.99	5.39	4.93	13.11	3.18	30.06	15.42	6.82
变异系数	0.1365	0.056	0.2108	0.1576	0.10497	0.09735	0.10394	0.08312	0.08758	0.1094	0.22386	0.14713	0.0946
变异系数排名	—	1	11	10	7	6	5	2	3	8	12	9	4

① 劳动生产率 $= \frac{\text{营业收入}}{\text{从业人员平均人数}} \times 100\%$

从 3 年平均水平来看，其仅次于批发和零售业，位居各行业第二位。但是从稳定性来看，金融业的变异系数最高，反映出其波动性显著高于其他行业。需要指出的是，与物质资本的效率不同，所有行业企业集团的劳动生产率在 2006~2008 年均处于不断提升阶段；而物质资本的效率，多数指标均显示在 2008 年有较大程度的下降。

三、金融产业与其他行业效率综合评价与比较

1. 关于效率评价体系的设计

以前沿生产函数中的相对效率概念为依托，即根据已知的一组投入产出观察值，定义出所有可能的投入产出组合边界（生产前沿面），使所有观察值均在边界之内；效率前沿面始终由样本中最佳机构（100%有效机构）或其组合构成。在给定的技术条件和外生市场因素的条件下，以最小投入获得最大报酬或实现利润最大化的机构（如企业、银行等），即为效率前沿机构，而待考察的效率损失即为相对于效率前沿机构的偏离程度。同时借鉴《股份制商业银行风险评级体系（暂行）》以及《商业银行监管评级内部指引（试行）》对经营效率的评价办法（见附录四的说明），设计出对金融业大企业集团及其他行业大企业集团的评价指标体系。

表 5-16　金融业与其他行业效率综合评价指标体系

行业	大类指标	分项指标	具体指标	评分系数
金融业	物质资本效率（权重分配 80%）	净资产收益指标（20%）	净资产收益率	均值（80%）
				变异系数（20%）
		总资产收益指标（20%）	总资产报酬率（50%）	均值（80%）
				变异系数（20%）
			总资产利税率（50%）	均值（80%）
				变异系数（20%）
		费用利润指标（20%）	成本费用率	均值（80%）
				变异系数（20%）
		资金利润指标（20%）	资金利润率	均值（80%）
				变异系数（20%）

续表

行业	大类指标	分项指标	具体指标	评分系数
		资本增值指标（20%）	资本保值增值率	均值（80%）
				变异系数（20%）
	人力资本效率（权证分配 20%）	劳动创造价值指标	劳动生产率	均值（80%）
				变异系数（20%）

2. 金融业及其他 11 个行业大企业集团效率综合评价得分

根据上述评价框架，对包括金融业在内的 12 个行业进行效率综合评价后得到分行业总排名。①

3. 金融业与其他 11 个行业的效率综合比较

对上述 12 大行业进行综合评价后，得到物质资本效率、人力资本效率及总效率的排名及得分情况，具体如表 5–17 所示。

表 5–17　金融业与其他行业的综合效率评价排名

单位：%

行业	农、林、牧、渔业	采矿业	制造业	电力、燃气及水的生产和供应业	建筑业	交通运输、仓储和邮政业	信息传输、计算机服务和软件业	批发和零售业	住宿和餐饮业	金融业	房地产业	其他
物质资本效率排名得分	10.600	2.500	5.520	9.920	6.500	8.800	4.180	5.920	6.820	4.040	4.140	5.960
物质资本效率排名	12	1	5	11	8	10	4	6	9	2	3	7
人力资本效率排名得分	9.800	8.600	6.000	3.800	9.200	8.200	6.000	1.400	10.400	4.000	5.000	5.600
人力资本效率排名	11	9	6	2	10	8	6	1	12	3	4	5
总效率排名得分	10.440	3.720	5.616	8.696	7.040	8.680	4.544	5.016	7.536	4.232	4.312	5.888
总效率排名	12	1	6	11	8	10	4	5	9	2	3	7

（1）物质资本效率综合评价比较。从物质资本效率的综合评价比较来看，采矿业、金融业、房地产业位居前 3 名，这与最近 3 年矿产、金融及房地产业的繁荣行情相吻合。而交通运输、仓储和邮政业，电

① 排名得分越高，显示其排序越靠后，即其效率水平越低。各行业得分具体情况见附录五。

力、燃气及水的生产和供应业，农、林、牧、渔业则处于后三位，反映出其具有社会公告服务职能所带来的影响。

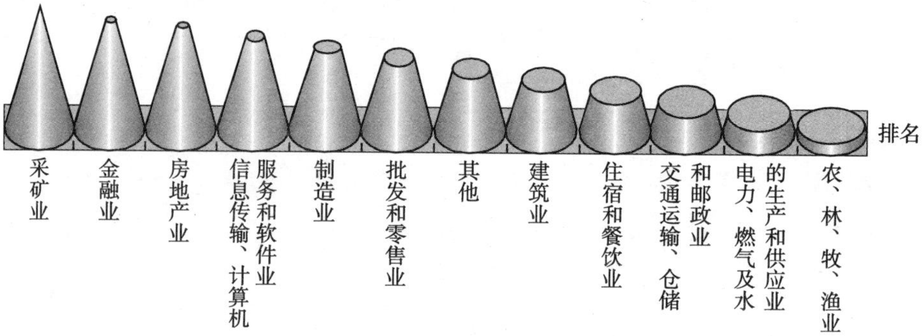

图 5–6 不同行业企业集团物质资本效率排名

（2）人力资本效率综合评价比较。从人力资本效率的综合评价来看，批发和零售业，电力、燃气及水的生产和供应业，金融业位居前三位。金融业体现的是知识密集型产业，具有较高的人力资本效率容易理解。电力、燃气及水的生产和供应业由于具有相当的垄断程度，较少的人力资本占用可能导致其具有较高的产出。[①] 批发和零售业具有排名第一的劳动生产率，主要与其统计的企业集团样本有关。[②]

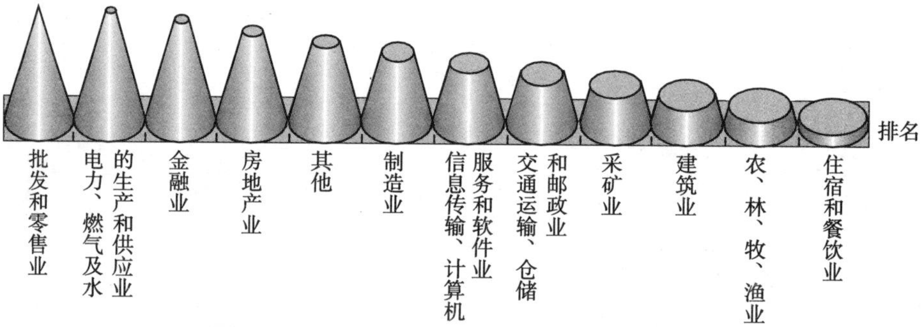

图 5–7 不同行业企业集团人力资本效率排名

① 实际上，在该行业可能存在大量的临时性用工（即体制外的非正式用工），而这些用工数量可能不在统计范围内，导致其较高的劳动效率假象。

② 能够纳入大企业集团统计的企业集团均属于大规模、效益相对较好的著名企业。如批发业的代表性企业包括：中国中化集团公司、中国五矿集团公司、中国华润总公司、中粮集团公司、中国医药集团总公司等众多央企。零售业的代表性企业包括：苏宁电器集团、北京西单友谊集团等。

建筑业、农、林、牧、渔业、住宿和餐饮业的人力资本效率排名最后，反映出这三大行业属于劳动密集型的行业特征，且相对而言，这三大行业多属于对知识依赖程度较低的体力劳动者。

（3）总效率综合评价。总体来看，采矿业、金融业、房地产业位居前三名，这与物质资本的效率排名相同。而交通运输、仓储和邮政业，电力、燃气及水的生产和供应业，农林牧渔业则处于后三位，亦与物质资本的效率排名相同，反映出其具有社会公共服务职能所带来的影响。

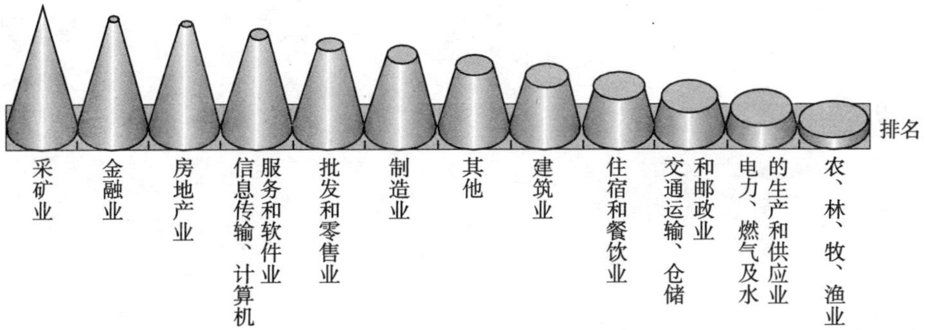

图 5–8　不同行业企业集团总效率排名

第六章　新一轮金融危机后我国金融效率分析

21 世纪以来，冲击全球经济最为重要的事件莫过于 2008 年爆发的国际金融危机，此后各国政府通过向市场注入大量流动性等扩张性政策手段应对经济衰退。我国政府在出台系列宏观经济刺激政策后，迅速缓解了经济增速快速下滑的局面，宏观经济重回快速发展的势头。在此过程中，适度宽松的货币政策成效显著。但与此同时，金融资源的配置过于集中在某些政府平台、大型国有企业，资产价格快速攀升，通货膨胀预期高涨。金融业自身尽管获取了丰厚的收益，但我国金融发展的市场化程度还不高，竞争能力仍然有待加强。在应对国际金融危机的宏观经济背景下，本部分分析研究当前我国的金融功能效率、金融配置效率、金融产业效率三大方面的成效与不足。

第一节　研究的背景
——金融危机及中国宏观调控基调转变

一、国际金融危机对中国经济的影响：2008 年下半年至 2009 年上半年的简要回眸

在由次贷危机引起的全球性金融危机最初一年里，国际金融市场云谲波诡，金融危机的冲击力历史罕见。仅从危机全面爆发后几个月

的情况看，全美已经有数十家银行相继倒闭，全球主要资本市场大幅下挫，巨额财富蒸发，道琼斯指数从 2008 年年中的 13000 余点跌至 11 月末的 7300 余点，跌幅达 40%以上；纳斯达克指数从 2400 余点下跌至 11 月末的 1200 余点，跌幅近 50%，欧美日等全球一些主要经济体出现较为明显的经济衰退。一些高收入、高福利的国家，如冰岛等，甚至出现了国家破产、政府倒台的窘境。危机的影响不可谓不深。在这场危机中，日益与世界经济紧密融合的中国经济发展亦不可能独善其身，这场危机至少在以下几个方面对中国经济产生了较为严重的影响。

第一，国内经济增速明显放缓，工业企业生产增加值明显下滑，并且重工业企业下滑大于轻工业企业。2008 年上半年经济增长总体平稳，其中一季度 GDP 增长 10.6%，二季度 10.1%，但下半年以来则出现快速下滑，三季度 9.0%，四季度则迅速降低至 6.8%，经济滑落的速度超出多数人的预期。而在三次产业发展中，除了第一产业受到国家支农政策的影响出现短暂上升之外，第二产业和第三产业增速在 2008 年下半年均出现明显下滑，全年第一产业增加值 34000 亿元，增长 5.5%，第二产业增加值 146183 亿元，增长 9.3%，第三产业增加值 120487 亿元，增长 9.5%。

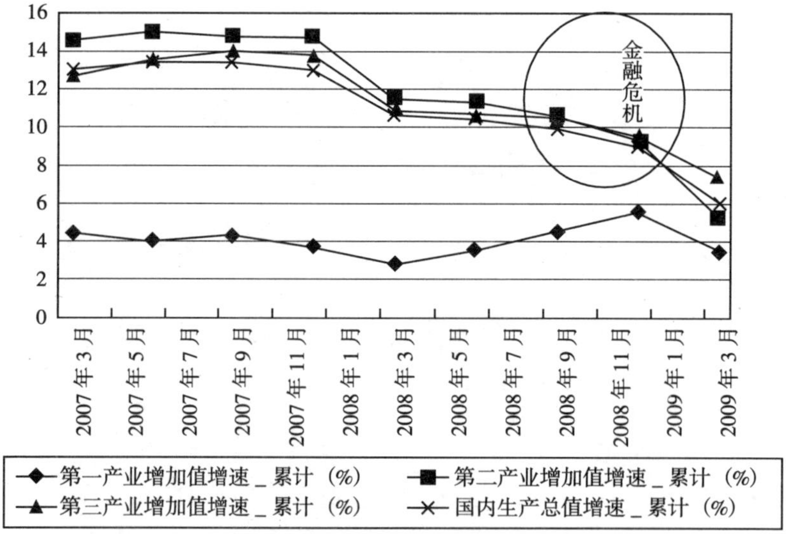

图 6-1　金融危机冲击下的中国 GDP 及三次产业增速

从工业增加值来看，工业企业增加值当月同比增速在2007年上半年一度达到近20%的水平（如2007年6月为19.4%），在金融危机影响下则快速滑落，2008年10月后的工业企业增加值增速迅速降至个位数水平，其中10月增速为8.2%、11月为5.4%、12月为5.7%，与此同时，作为生产“生产资料”的国民经济先导部门的重工业企业受危机影响尤其明显，增加值增速下滑尤其显著，2008年10~12月分别为7.3%、3.4%、4.7%。

第二，外需严重萎缩导致中国对外贸易呈现自由落体式下降，企业订单、新订单尤其是海外新订单下滑极其剧烈。2008年11月和12月，进出口额当月同比增速分别下降9%和11.1%。2009年1~4月，则出现20%以上的增速滑落，当月同比增速分别为-29%、-24.9%、-20.9%、-22.8%。其中在出口方面，2008年11月~2009年4月的同比增速分别下降2.2%、2.8%、17.5%、25.7%、17.1%、22.6%，而在进口方面，尽管2008年11月及12月进口同比增速仍然分别保持22.8%和18.5%的增长，从2009年1月开始，进口的同比增速则出现大幅下滑，1~4月分别为-43.1%、34.2%、-30.9%、-28.7%。从订单情况来看，2008年9~12月，制造业采购经理指数渐次陷入衰退区间，分别为51.2%、44.6%、38.8%、41.2%，其中新订单的采购经理人指数分别为51.3%、41.7%、32.3%、37.3%，而新出口订单的采购经理人指数下滑更甚，分别为48.8%、41.4%、29%、30.7%。一些出口企业反映在2008年11月后的一段时间，其海外市场几乎陷入没有需求的境地。

第三，2007年以来持续高涨的物价指数，尤其是工业品出厂价格在2008年下半年以来持续回落，企业利润下滑剧烈，其实大中型工业企业和国有及国有控股工业企业利润下滑尤其明显，部分企业因为价格原因出现亏损。居民消费价格指数当月同比增幅在2008年上半年一度超过8%，但2008年下半年以来出现持续回落，并从2009年2月开始出现负增长。环比数据显示2008年10月后则以负增长为主。在工业品出厂价格方面，当月同比数据显示2008年8月一度出现两位数的增幅（10.1%），此后开始快速回落，12月后即出现负增长，并且在

2009 年 1~4 月降幅加深，4 月降幅达 6.6%。

2009 年 1~2 月，工业企业利润总额为 2191.31 亿元，比上年同期减少 1291.08 亿元，降幅达 37.07%。其中大中型工业企业利润总额 1210.69 亿元，比上年同期减少 1249.89 亿元，降幅 50.80% ，国有及国有控股工业企业利润 567.05 亿元，比上年减少 837.78 亿元，降幅达 59.64%。集体工业企业利润 58.58 亿元，比上年下降 29.35 亿元，降幅 33.38%，三资工业企业利润 620.02 亿元，比上年下降 372.87 亿元，降幅 37.55%。大中型工业企业和国有及国有控股工业企业利润下滑幅度显著高于其他类型工业企业。工业品出厂价格的大幅回落挤压了生产企业的利润，部分企业因此出现亏损，一些行业甚至出现全行业亏损。

第四，大宗商品价格下降，部分商品出现严重压港现象，相关进口企业出现大规模亏损，越国际化的企业业务在本轮危机中受损失越明显，并在企业去库存化行为中确认损失。在金融危机影响下，石油、铜、铝、铅、钨、铁矿砂等大宗商品价格及贸易量均出现大幅下降。部分进口企业代理的产品在国内买主违约行为下出现严重压港现象。出口商品量价齐跌，外包服务萎缩，航运业务尤其是与出口密切相关的集装箱运输业务停滞，海外工程量骤减，各类外向型经济业务受到金融危机的影响更加显著。进口企业在去库存化行为中，廉价处理高价进口的产品。

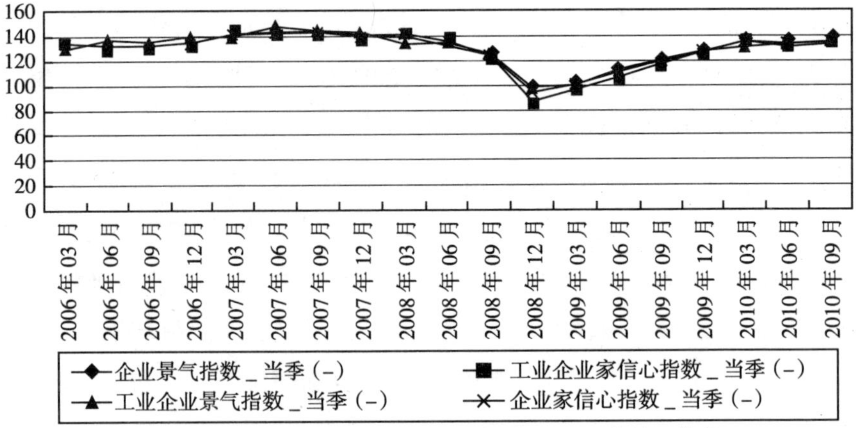

图 6–2　危机影响下的企业景气指数及企业家信心指数

第五，危机对市场信心打击严重，企业发展景气指数下滑，企业家信心减退。受金融危机影响，企业景气指数在2008年下半年以来迅速下滑，工业企业景气指数创出2002年二季度以来的新低。企业家信心指数减退，其中工业企业家信心指数创下2002年三季度以来的新低。

二、我国应对危机的宏观调控基调转变及主要举措

国际金融危机对国内经济的冲击在2008年下半年凸显，我国宏观调控政策基调及时改变，并随后提出了以“4万亿投资”为标志的扩大内需措施，配合以积极的财政政策、适度宽松的货币政策，以及10大产业振兴规划。

从宏观调控的政策基调看，主要的变化在于从应对经济过热而采取的紧缩性政策转向为应对经济下滑而采取的扩张性政策。政策基调的主要变化如表6–1所示。

表6–1 为应对危机我国宏观调控政策基调的变化

政策提出时间	基调	内容
2006年7月	一防	防止经济增长由偏快转为过热
2007年底	双防	防止经济增长由偏快转为过热，防止价格由结构性上涨演变为明显的通货膨胀
2008年7月	一保一控	保持经济平稳较快发展，控制物价过快增长
2008年10月后（2010年下半年逐步开始实施稳健货币政策）	保增长 保就业 保稳定 调结构 惠民生	保持经济稳定增长放在首要位置，同时兼顾抑制通货膨胀和保持国际收支平衡； 此后保增长的内容不断丰富，先后提出“保增长、保就业、保稳定、调结构、惠民生”等战略目标

从主要政策举措来看，主要包括：

第一，以“4万亿投资”为标志的十大扩大内需措施。2008年11月以来，中央确定了进一步扩大内需、促进经济增长的十项措施。一是加快建设保障性安居工程。二是加快农村基础设施建设。三是加快铁路、公路和机场等重大基础设施建设。四是加快医疗卫生、文化教育事业发展。五是加强生态环境建设。六是加快自主创新和结构调整。

七是加快地震灾区灾后重建各项工作。八是提高城乡居民收入。九是在全国所有地区、所有行业全面实施增值税转型改革，鼓励企业技术改造，减轻企业负担 1200 亿元。十是加大金融对经济增长的支持力度。取消对商业银行的信贷规模限制，合理扩大信贷规模，加大对重点工程、“三农”、中小企业和技术改造、兼并重组的信贷支持，有针对性地培育和巩固消费信贷增长点。初步匡算，实施上述工程建设，到 2010 年底约需投资 4 万亿元。为加快建设进度，2008 年四季度先增加安排中央投资 1000 亿元，2009 年灾后重建基金提前安排 200 亿元，带动地方和社会投资，总规模达到 4000 亿元。

第二，积极的财政政策。为配合扩大内需政策的落实，中央决定实施积极的财政政策，扩大政府公共投资，实行结构性减税以及调整国民收入分配格局，优化财政支出结构，推进财税制度改革。一是扩大政府公共投资，着力加强重点建设。在 2008 年末增加安排保障性住房、灾后恢复重建等中央政府公共投资 1040 亿元的基础上，2009 年中央政府公共投资安排 9080 亿元，增加 4875 亿元。二是推进税费改革，实行结构性减税。结合改革和优化税制，实行结构性减税，减轻企业和居民税收负担，扩大企业投资，增强居民消费能力。三是提高低收入群体收入，大力促进消费需求。调整国民收入分配格局，提高居民收入在国民收入分配中的比重和劳动报酬在初次分配中的比重，增强居民消费能力，扩大消费对经济增长的拉动效应。充分发挥财税政策作用，增加财政补助规模，重点增加中低收入者收入。四是进一步优化财政支出结构，保障和改善民生。五是大力支持科技创新和节能减排，推动经济结构调整和发展方式转变。

第三，十大产业振兴规划。2009 年上半年以来，国家密集出台汽车、钢铁、装备制造、纺织、船舶、电子信息、轻工业、石化、有色金属、物流十大产业振兴规划，对应对短期冲击，巩固国民经济长远发展的基础发挥了重要的作用。

表 6–2　十大产业振兴规划制定时间表

序号	产业规划名称	规划出台时间	实施细则出台时间
1	汽车产业振兴规划	1月14日	3月20日
2	钢铁产业	1月14日	3月20日
3	装备制造业	2月4日	5月12日
4	纺织产业	2月4日	4月24日
5	船舶产业	2月11日	6月4日
6	电子信息产业	2月18日	4月15日
7	轻工业	2月19日	5月18日
8	石化产业	2月19日	5月18日
9	有色金属业	2月25日	5月11日
10	物流业	2月25日	4月24日

第二节　危机后金融支持经济发展的有效性
——金融功能效率视角

面对国际金融危机后，经济增速迅速下滑、大量企业倒闭、对外贸易萎缩、失业人口大量增加的严峻局面。摆在金融业面前的是发挥其功能效率，促进经济全面发展。

一、适度宽松货币政策促进经济发展的有效性

1. 金融危机后市场流动性出现快速萎缩

金融危机对实体经济发展最直接的冲击是流动性的萎缩。从危机后流动性萎缩最直接的表现看：一是信贷资金增速下滑。中国金融市场的主体是信贷市场，从中国实体经济对资金的需求来看也以银行信贷为主。受到国际金融危机的影响，出于预防风险等因素的考量，国内部分商业银行出现一定的惜贷现象，信贷增速下滑。2008 年末，金融机构各项贷款（本外币合计）余额 32 万亿元人民币，比上年增长 15.23%。其中金融机构各项贷款（人民币）余额 30.35 万亿元人民币，

比上年增长 15.96%；金融机构中长期类贷款（本外币）余额 16.42 万亿元人民币，比上年增长 18.46%，增速比上年回落 4.16 个百分点；金融机构工业贷款（人民币）余额 3.6 万亿元人民币，比上年增长 7.49%，增速比上年回落 9.85 个百分点。2008 年下半年以来，金融机构各项贷款（本外币）同比增速、金融机构各项贷款（人民币）同比增速、金融机构中长期贷款（本外币）同比增速、金融机构工业贷款（人民币）同比增速均出现了下滑，其中以关乎国民经济长远发展的中长期贷款以及工业企业贷款的增速下滑明显。二是外汇占款形成的基础货币投放渠道空间缩小。受到危机影响，我国对外出口增速急剧下滑，部分月份出现负增长，从而导致出口结汇数额大幅降低。而在我国，出口结汇而产生的人民币基础货币的投放是我国基础货币投放的主要渠道之一。三是各口径货币供应量增速放缓。由于基础货币投放空间下降，商业银行派生存款作用机制的发挥效力削弱，导致直接关系到市场流动性的货币供应量增速大幅下滑。2008 年下半年以来，各口径货币供应量增速均出现明显回落。截至 2008 年 11 月，广义货币供应量 M2 同比增长 14.8%，比上年同期回落 3.7 个百分点，此后在适度宽松货币政策方针指导下，全年 M2 增长回升至 17.82 的水平。11 月末及 12 月末，直接反映市场流动性的 M1 指标下降更加明显，M1 月末数同比增速分别为 6.8 和 9.06，比上年同期分别回落 14.87 和 11.95 个百分点。

2. 适度宽松的货币政策迅速执行

面对流动性萎缩的局面，我国快速实施了以定量宽松为代表的适度宽松货币政策。《中国人民银行法》规定我国货币政策的最终目标为：保持币值稳定，并以此促进经济增长。在我国发展中国家情形下，必要的较高速度的经济增长是解决改革发展中一系列根本问题的基础性条件，因此，货币政策作为国家经济政策的一部分，必然要服务于经济增长的大局。我国货币政策在促进经济发展中的作用依然在长期发挥重要作用。面对金融危机的影响，2008 年下半年以来，货币政策迅速转向，取消了对商业银行信贷规模限制，扩大信贷规模，在综合运用利率、汇率、存款准备金率等政策工具基础上，提出 2009 年广义货币增长 17%左右，新增贷款 5 万亿元以上的政策目标。在国务院《关于当前金融促进经济发展的若干意见》指导下，人民银行提出：一是确保金融体系流动性充足，及时向金融机构提供流动性支持；二是保持货币信贷的合理增长，加大银行信贷对经济增长的支持力度，取消对商业银行信贷规模限制，合理扩大信贷规模；三是加强窗口指导和政策引导，着力优化信贷结构；四是进一步发挥债券市场的融资功能。大力发展企业债、公司债、短期融资券和中期票据等非金融企业债务融资工具，扩宽企业融资渠道。

从货币政策执行效果看，2009 年各层次货币供应量快速增长，其中 6 月末 M2 同比增长 28.46%，7 月末 M2 同比增长 28.42%，超过年初 17%的政策目标。金融机构信贷投放规模空前，上半年新增人民币贷款 7.37 万亿元，其中一季度即达 4.58 万亿元，接近全年 5 万亿元的投放目标。2009 年全年新增贷款达到 9.59 万亿元，[①] 危机后快速恶化

① 除中国外，为遏制金融危机蔓延，各国央行纷纷在将基准利率快速降至历史低点的同时，陆续推出了定量宽松货币政策。美联储在 2008 年 12 月将联邦基金目标利率降到（0%~0.25%）后，率先宣布实施定量宽松货币政策；英格兰银行和欧央行也先后于 2009 年 3 月和 5 月开始实施定量宽松货币政策；日本银行在 2001~2006 年曾实施定量宽松货币政策，在 2008 年 12 月隔夜拆借利率降低到 0.1%后，又于 2009 年 3 月 18 日宣布将每月购买国债的额度大幅提高到 1.8 万亿日元。

第一轮定量宽松货币政策下主要国家和地区货币供应量同比增长率

单位：%

时间	基础货币				M2			
	美国	日本	英国	欧元区	美国	日本	英国	欧元区
2008 年 1 月	0.90	–0.08	12.83	9.47	5.77	2.14	16.20	11.37
2008 年 2 月	1.14	0.10	12.91	9.38	6.82	2.36	14.98	11.63
2008 年 3 月	1.50	–0.02	18.57	9.08	7.30	2.26	14.94	10.71
2008 年 4 月	0.93	–2.79	16.89	9.10	6.66	1.87	13.64	11.17
2008 年 5 月	1.01	–0.93	19.83	9.06	6.63	2.05	12.53	11.24
2008 年 6 月	1.54	0.44	20.14	8.38	6.28	2.24	12.97	10.38
2008 年 7 月	2.11	–0.70	12.07	8.41	6.43	2.11	11.69	9.98
2008 年 8 月	2.15	–0.23	19.21	8.30	5.48	2.41	10.82	10.39
2008 年 9 月	9.95	0.92	19.49	8.06	6.16	2.17	11.46	10.03
2008 年 10 月	36.85	1.40	40.35	10.66	7.54	1.83	14.98	10.50
2008 年 11 月	73.66	1.94	35.44	38.23	7.82	1.79	17.35	10.24
2008 年 12 月	100.78	1.82	30.20	36.68	9.43	1.81	19.06	8.96
2009 年 1 月	107.65	3.92	27.02	39.40	10.11	1.96	15.82	8.66
2009 年 2 月	89.51	6.43	29.13	33.14	9.31	2.14	14.74	8.24
2009 年 3 月	98.86	6.88	24.72	22.92	9.14	2.24	13.61	7.19
2009 年 4 月	112.17	8.22	65.53	17.96	8.40	2.67	11.85	7.01
2009 年 5 月	113.96	7.90	97.83	16.47	8.94	2.68	10.57	6.02
2009 年 6 月	101.89	6.39	130.00	13.68	8.84	2.52	8.47	5.80
2009 年 7 月	98.75	6.10	164.80	23.78	8.18	2.71	9.58	5.49

资料来源：CEIC。

的流动性枯竭局面得到缓解。

3. 市场流动性与经济发展具有很强的关联性

从危机发生前、危机发生中，以及为应对危机而采取的宽松货币政策后，市场流动性与经济增长（由于 GDP 为季度数据，我们选取具有月度数据的工业增加值为代表）的关系来看，流动性与经济发展具有很强的关联性。

图 6-3 可以比较清晰地看出两者的关联性。

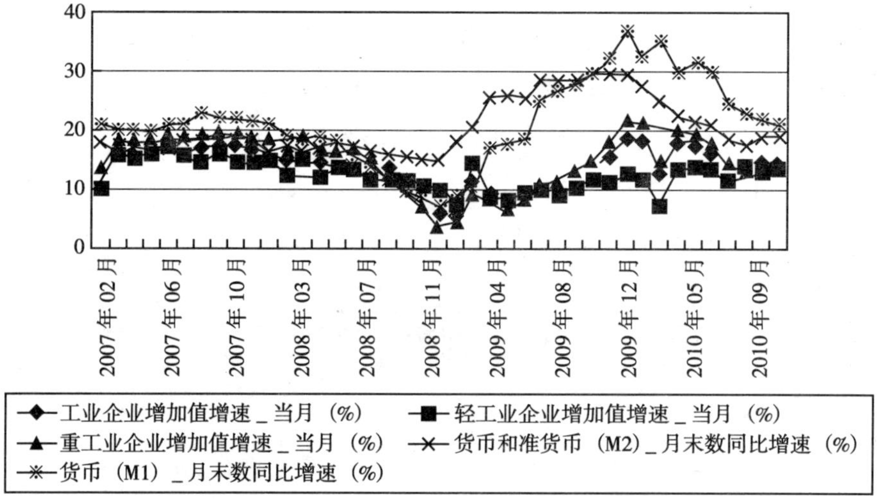

图 6-3 市场流动性与工业增加值的关联性

对工业增加值进行更为详细一点的解读发现，在流动性冲击以及一些其他因素的综合作用下，作为第二产业主体的工业的发展受到金融危机的影响十分明显。2008 年下半年以来，工业增加值增速明显下滑，其中作为生产“生产资料”的国民经济先导部门的重工业受危机影响较大，增加值增速下滑尤其显著。1~9 月，全国规模以上工业企业增加值同比增长 15.2%，比 2007 年同期回落 3.3 个百分点。其中轻工业增加值增长 13.1%，比 2007 年同期回落 3 个百分点；重工业增加值增长 16%，比上年同期回落 3.6 个百分点。而仅从紧邻危机爆发后的 9 月当月的同比增速看，全国规模以上工业企业增加值同比增长 11.4%，比 2007 年同期回落 7.5 个百分点。其中轻工业增加值增长

11.2%，比 2007 年同期回落 5.2 个百分点；重工业增加值增长 11.5%，比 2007 年同期回落 7.9 个百分点。进入 10 月，经济下滑趋势更加明显，全国规模以上工业企业增加值同比增长 8.2%，比 2007 年同期回落 9.7 个百分点。1~10 月，全国规模以上工业企业增加值同比增长 14.4%。比上年同期回落 4.1 个百分点。从主要行业看，10 月纺织业增长 7.8%，化学原料及化学制品制造业增长 2.7%，非金属矿物制品业增长 13.8%，通用设备制造业增长 11.9%，交通运输设备制造业增长 10.9%，电气机械及器材制造业增长 13.9%，通信设备、计算机及其他电子设备制造业增长 6.9%，电力热力的生产和供应业增长 3.4%，黑色金属冶炼及压延加工业下降 5.6%。由于重工业增速下滑更加明显，使得重轻工业比例也出现了改革开放 30 多年来未有的下降幅度。进入 11 月后，工业企业的生产更显困难（有部分学者认为是存货的顺周期调整的原因），各口径工业企业增加值增速急剧萎缩，其中重工业企业增加值增速（当月）11 月和 12 月分别仅为 3.4 和 4.7，比 2007 年同期分别回落 15.2 和 13.7 个百分点。

4. 宽松货币政策对促进经济回升起到重要作用

在宽松货币政策以及其他政策措施的综合推动下，我国经济出现了显著回升，可以说宽松货币政策对促进经济回升起到重要作用。具体表现在如下几个方面：

（1）宏观经济逐渐企稳，固定资产投资加快，工业企业生产回暖。进入 2009 年，在金融危机的持续影响下，第一季度国内生产总值为 65725 亿元，增长 6.1%，虽然增幅比 2008 年同期有大幅下滑（回落 4.5%），但整体好于预期。进入第二季度以来，在系列经济振兴政策作用下，国民经济逐渐企稳，GDP 增速较第一季度有较大回升，上半年 GDP 到达 13.99 万亿元，按可比价同比增长 7.1%，其中第二季度增长 7.9%。在“4 万亿”经济刺激计划推动下，全国城镇固定资产投资维持 2008 年 11 月以来的高速增长之势，上半年全社会固定资产投资同比增长 33.6%，增速比 2008 年同期加快 6.8 个百分点。考虑到同期工业品出厂价格（PPI）下降，剔除该因素影响，实际增长更高。工业企业生产也逐渐恢复，从工业增加值来看，2009 年上半年中国规模以上工业企业增加值同比增长 7.0%，其中 6 月增长 10.7%，7 月增长 10.8%，初步结束了自 2008 年 10 月以来工业生产增加值主要停留在个位数增长的局面。

（2）采购和订单指数开始回暖，对提振信心有积极作用。在拉动内需计划刺激下，制造业采购经理人指数逐渐向好，2009 年 3 月后进入 50%以上的扩张区间，3~8 月分别为 52.4、53.5、53.1、53.2、53.3、54。新订单的采购经理人指数于 2 月后进入扩张区间，1~8 月分别为 45、50.4、54.6、56.6、56.2、55.5、55.5、56.3。出口订单恢复相对迟缓，但 5 月后也逐渐进入扩张区间，新出口订单的制造业经理人指数 1~8 月分别为 33.7、43.4、47.5、49.1、50.1、51.4、52.1、52.1。订单情况的逐步好转对于提振企业信心，促进企业发展有一定作用。

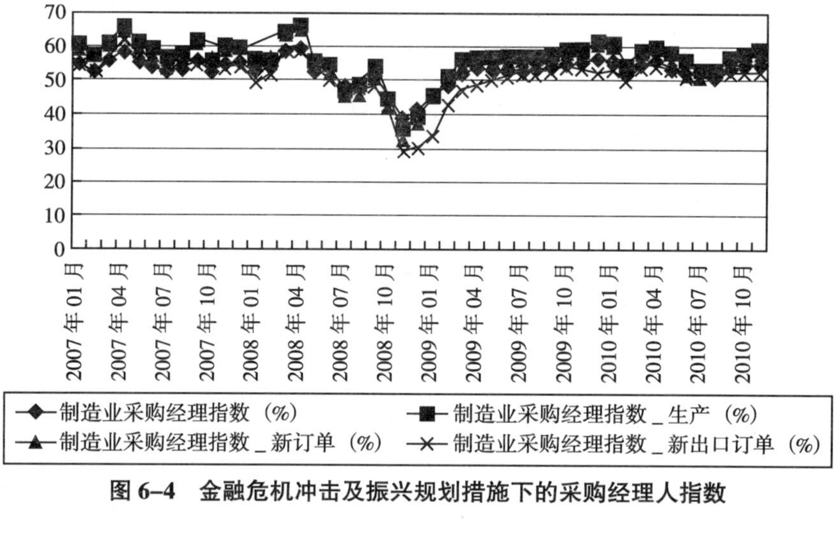

图 6–4　金融危机冲击及振兴规划措施下的采购经理人指数

（3）适度宽松货币政策的执行为企业的资金需求提供了更加充分的保障，企业财务状况及支付能力进一步改善。如根据对北京地区 28 家企业集团财务公司的问卷调查显示，2008 年第二季度、第三季度、第四季度企业集团实际利用的贷款占其银行授信总量的比重分别为 34.9%、32.9%、33.9%，在适度宽松货币政策执行后，该比率在 2009 年一季度进一步降低至 31.68%。而根据对涉及石油石化、电力、航天航空、船舶、机电、冶金、运输、商贸等主要行业的25家大型集团企业景气状况的问卷调查反映，2009年第二季度以来，企业的支付能力进一步提升。第二季度，80%的大型企业认为企业支付能力状况“较强”，比第一季度提高5个百分点，预期第三季度支付能力状况“较强”的企业占比进一步达到84%。

二、金融支持经济发展中新出现的一些问题值得警惕

总体而言，经过2009年上半年的努力，国内经济已经呈现出总体回稳的态势，且经济回升向好的势头日趋明朗，但以政府投资拉动的增长持续性有待观察，出口、消费需求与民间投资依然不够旺盛，经济增长的基础依然不够牢固，出现反复的可能性仍然存在，资产价格膨胀及风险问题值得关注。应对危机出台的一系列政策措施在实施过程中也存在一些值得关注的问题。

（1）由投资单引擎拉动的经济增长可持续性存在隐忧。由大规模政府投资拉动的固定资产投资出现快速增长，其中新增固定资产投资累计同比增速出现近年来罕见的高水平，2009年上半年全社会固定资产投资完成额同比增长33.6%，高于2008年同期6.8个百分点，其中新增固定资产投资累计同比增速高达68.1%，比2008年同期（27.9%）高出40多个百分点。与此同时，外需持续低迷导致的出口较大幅度的下滑，2009年上半年进出口额累计同比降幅为23.5%，出口额累计同比降幅为21.8%。而消费需求的增长力度依旧有限，2009年上半年全社会消费品零售总额累计同比增幅15%，低于上年同期6.4个百分点。而在投资方面，政府及国有企业投资占据了主体，民间投资及海外投资跟进的力度显著不足。经济增长主要依靠以政府投资为主的单引擎拉动，经济增长的质量及可持续性存在较大隐忧。

（2）宽松货币政策为日后高涨的通胀预期埋下隐患。资产价格的快速膨胀以及关系民生的基本生活物资价格上涨值得关注，并导致当前通胀预期日益强烈。2009年上半年价格水平总体稳定，消费者物价

指数（CPI）当月同比略有下降，2 月以来各月 CPI 当月同比均出现 1.5%左右的负增长，反映出居民消费意愿仍然不够强烈；工业品价格指数（PPI）仍然有较大程度下降，1~7 月全部工业品当月同比降幅有所扩大，给企业生产和盈利能力造成较大冲击。在 CPI 和 PPI 双降的同时，资产价格膨胀，形成泡沫风险值得关注。2009 年上半年，资本市场出现较大幅度上涨，其中上证收盘指数上涨 62.6%（指 6 月末的收盘指数 2959 点与 2008 年末的收盘指数 1820 的比较），与经济发展、企业利润形势出现较大程度的背离。与此同时，全国多个城市的房地产价格在第二季度以来出现大幅攀升。PPI 持续下降，实体经济不景气状况持续存在，信贷资金从实体经济向资产市场转移的可能性较大，是资产价格膨胀的重要诱因之一。此外，2009 年上半年，以"公用事业领域改革"名义诱发的水、电、气等基本生活保障用品价格出现上涨，一些城市涨幅较大，对低收入人群的基本生活造成一定影响。而 8 月以来，全国农产品价格出现普涨，尤其是禽蛋肉类等价格出现快速攀升，成为下一轮通胀的诱因。资产价格的膨胀及关系居民切身利益的生活用品价格重新抬头导致当前通胀预期日益强烈。①

（3）单位资金的投入产出效益明显降低。② 2009 年以来，随着宽松货币政策的实施，银行信贷资金投放迅速放大，但新增贷款产生的单位收益明显降低。以单位新增加贷款产生工业增加值、单位新增加贷款产生 GDP 为例，③ 2009 年一元新增贷款创造的工业增加值为 1.4055 元左右，创造的 GDP 为 3.5389 元，仅为 2000 以来各年平均水平的 50%左右，并创下 1978 年改革开放以来的最低水平。④ 关于信贷资金的

---

① 从实际情况来看，进入 2010 年以来，社会公众的通胀预期日益强烈，已经成为影响经济运行和社会稳定的最大困扰。在此过程中，中央银行采取了包括提高存款准备金率、加息在内的一系列政策，但在管理通胀预期中仍然受到许多因素制约，需要各有关方面采取政策组合拳进行调控。有关分析请参见附录七。

② 当年新增贷款产生的经济效益可能具有滞后效应，从而影响对其效率的判断，但据此分析最近两年的信贷投放的效益仍然具有重要的参考意义。

③ $$单位新增加贷款产生工业增加值=\frac{工业增加值}{本年金融机构各项贷款余额-上年金融机构各项贷款余额}$$

$$单位新增加贷款产生GDP=\frac{GDP}{本年金融机构各项贷款余额-上年金融机构各项贷款余额}$$

④ 根据中国人民银行 2011 年 1 月 13 日公布的数据，2010 年全年人民币贷款增加 7.95 万亿元；国家统计局 2011 年 1 月 20 日公布的 2010 年初步核算数据，全年 GDP 397983 亿元。据此推算，2010 年单位新增人民币贷款"创造"的 GDP 约为 5.006 元，仍然远低于多数年份的水平。

效率如此低下的原因，在下文将继续分析。

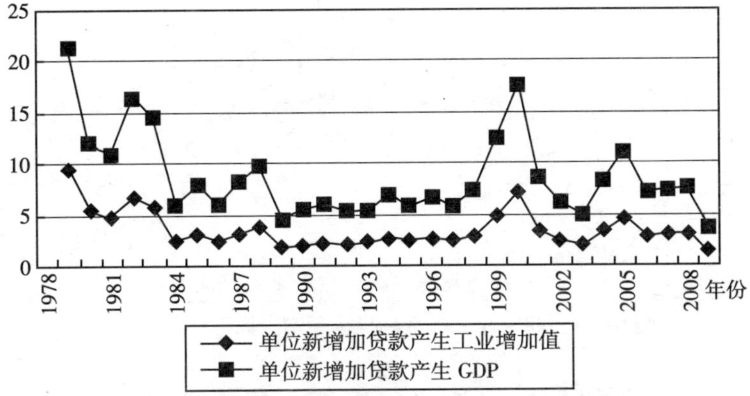

图 6-5 1978~2009 年当年新增贷款的单位效益①

第三节 对危机后主要金融资源配置效率的评价

在发挥金融功能效率、有效促进经济增长的同时，主要金融资源的投放急剧扩张，并出现了一些新的特点，导致金融配置效率不高。

一、应对危机而出现的信贷资金急剧扩张行为及其原因分析

2008 年四季度以来，为应对国际金融危机的影响，我国陆续出台了一系列扩内需、保增长的政策措施，货币政策基调也历史性地调整为“适度宽松”。在此情形下，我国商业银行信贷投放规模不断扩张。2009 年全年新增人民币各项贷款 9.59 万亿元，比 2008 年多增 4.69 万亿元，增长 31.7%，比上年末高出 13 个百分点，规模创出历史新高。

① 资料来源于中国经济统计数据库。

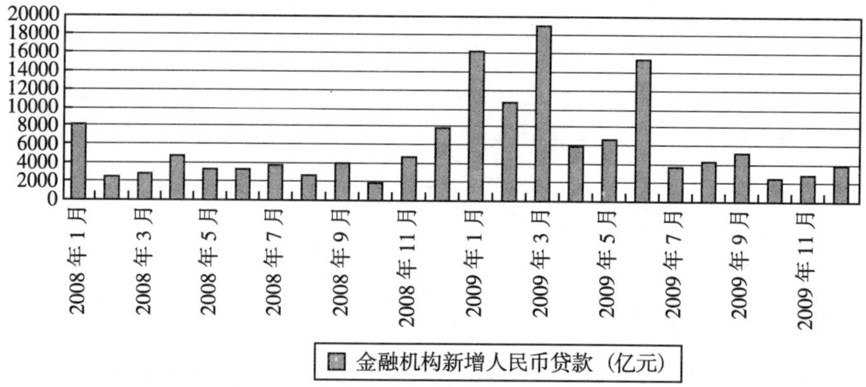

图 6-6　2008~2009 年金融机构新增人民币贷款月度数

商业银行在本轮信贷投放中出现的大规模扩张行为引起社会的广泛关注。就此，本部分试图从中找出商业银行信贷投放的一般性规律以及本轮信贷扩张的特殊性，并简要分析蕴藏其中的原因。

1. 盈利目标约束下的信贷投放行为成为商业银行经营的常态

商业银行经营管理的盈利性、流动性、安全性是矛盾的统一体，其中追求盈利是商业银行的本质属性或内在动力。没有对盈利的追求，商业银行的流动性和安全性就失去了存在的意义。当流动性较为充裕，安全性得到保障（或商业银行自认为能够得到保障）的条件下，营利性就成为商业银行经营的主要目标。

商业银行经营的营利性要求亦符合商业银行经营目标的“股东价值最大化理论”。股东价值理论最早产生于莫迪利安尼和米勒（Modigliani 和 Miller）对资本资产定价模型（CAPM）的研究过程。此后，波特（Porter，1980）对该理论作了进一步的延伸发展，他在肯定以“股东价值最大化”为经营目标的基础上，首次提出了一套完整的竞争优势产生机制，并且认为银行可以利用它持续创造出稳定的股东价值。Rappaport（1998）成功地解释了“股东价值最大化”是企业首要目标的原因，认为“股东价值最大化”不仅是一个明确的目标，同时还是实现策略制定、竞争力提高以及投资经营的必要工具。最大限度地盈利是实现股东价值最大化的基本途径，这也促使股东对银行经营管理层给予了较大的盈利压力。

第一，利润考核指标促使商业银行加大放贷（金融业本身追求效率）。当前，我国主要的商业银行均已成为上市公司，股东对经营管理层的利润压力十分明显，2009 年各商业银行利润考核指标更是出现了普遍上涨。[①] 在中间业务不能支撑利润增长的前提下，则主要依靠信贷规模的扩张来增加盈利。为完成利润指标，商业银行总行将利润指标层层分解，总行对分行层面的考核也逐级加强。调查显示，以北京地区为例，分行层面的利润考核指标比 2008 年增长了 0%~5%；支行层面的利润考核指标在增长趋势上出现两极分化，33%的支行利润考核指标比上年增长 0%~5%，41%的支行利润考核指标比 2008 年增长 15%以上。

第二，不同融资方式的竞争促使商业银行加大对优质项目的争取力度。由于直接融资市场的快速发展，优质企业或优质项目的融资途径日益多元化，融资成本、融资效率等众多方面成为优质企业或项目在融资方式选择上的重要考虑因素。我国商业银行贷款利率存在下限管制，而发行债券或中期票据等直接融资方式的利率已经市场化，且一般比银行信贷成本更低，因此商业银行贷款在融资成本上与直接融资手段相比具有一定的劣势。为了能够争夺更多优质项目，实现最大程度的盈利，商业银行各尽所能采取一切必要手段争取优质项目，使得包括“4 万亿投资”计划下的各种优质项目的贷款争夺异常激烈。

第三，同业竞争压力下商业银行加快信贷投放。同为上市公司，各家商业银行在盈利目标约束下，本着“早投放早收益”的原则，竞相在第一时间发放贷款。2009 年贷款发放效率也成为客户选择银行的重要条件。[②] 贷款审批速度的加快和总行贷款审批权限下放都能改善贷款审批效率，为贷款投放提供便利条件。2009 年商业银行贷款审批权限有总行向分行下放的趋势，对北京辖内 177 家银行的问卷调查显示，53%的商业银行分行贷款审批权限有所增加，57%的商业银行贷款审

① 对于商业银行利润上涨的原因可以用攀比效应进行解释，在各银行成为公众公司的情况下，为争取最大的股东价值（比如以股价的反映），防止股东“用脚投票”，一旦某家商业银行制定了较高的利润指标，则众银行均会制定较高的利润指标。

② 在此情况下，如下文所述，一些银行被迫违规甚至违法发放贷款。

批速度加快。

第四，对项目后续风险的担忧促使商业银行争取在第一轮信贷投放中占据先机。由于预期到大型项目的风险往往容易出现在项目的后期，因此，各家商业银行均希望成为大型优质项目的第一轮贷款行，而把信贷风险留给后续的参与者。从 2009 年上半年各家银行对“4 万亿”项目的争夺热情，以及下半年以后的放贷降温可见一斑。

第五，利差缩小迫使商业银行“以量补价”扩张信贷。鉴于商业银行对优质项目的争夺较为激烈，因此在贷款议价行为中，优质项目一般处于议价的强势地位，银行普遍被迫为其提供最优惠的利率。以北京为例，调查显示，北京近 80%政府投融资平台贷款[①] 得到金融机构优惠利率支持，而从利率执行情况来看，2008 年全年政府投融资平台贷款发生额的 57%得到金融机构优惠利率支持，2009 年上半年升至 73.5%，2009 年三季度达到 79.3%。大量优惠利率项目的发放以及中央银行的非对称性减息的政策措施，使得商业银行的利差空间缩小。据调查，2009 年上半年，北京地区 16 家商业银行中 13 家银行贷款净利差比上年同期减少。利差缩小迫使商业银行扩大放款，通过“以量补价”的方式满足盈利要求。对北京地区 171 家商业银行分支行问卷调查也显示利差缩小是银行扩大贷款投放的重要因素，约 31%的商业银行认为“利差缩小，以量补价”是 2009 年上半年贷款快速增长的原因之一。

2. 本轮商业银行信贷总量迅猛扩张的特殊缘由

本轮商业银行信贷规模的迅猛扩张与特定的历史背景紧密相关，为应对国际金融危机，适度宽松的货币政策为商业银行提供了足够的流动性支持，“4 万亿投资”计划的实施为商业银行提供了相对优质的投放项目，信贷规划约束的取消解除了商业银行贷款投放的束缚。

第一，适度宽松的货币政策为商业银行提供了充裕的流动性。营利性、流动性和安全性是商业银行经营的基本原则。与一般性工商企业不同，银行是经营货币资金的企业，负债率远高于一般的工商企业，

---

① 如后文所述，政府融资平台项目一般被商业银行认为是优质项目。

普遍高于90%，而且银行的资产负债期限结构不匹配，流动性要求是商业银行经营的首要原则。从流动性角度看，具有充足的可贷资金是银行放贷的基本条件。为应对国际金融危机，中央银行积极贯彻落实适度宽松的货币政策，2009年广义货币供应量M2增长27.68%。宽松政策保障了银行体系流动性充裕，商业银行可贷资金较为充裕。对北京地区177家商业银行分支机构进行问卷调查显示流动性充裕对支撑贷款快速增长具有重要作用，56%的商业银行认为“落实适度宽松的货币政策”是上半年贷款快速增长的重要原因。

第二，“4万亿投资”计划的实施为商业银行提供了相对优质的投放项目。为迅速缓解国际金融危机的冲击，引导国民经济尽快走出低谷，中央确定了“4万亿投资”项目以落实“扩内需，保增长”的任务。由于“4万亿投资”计划中涉及的项目多为关系国计民生且有明确政府投资背景的重点大型项目，因此普遍被商业银行认为是风险较小、总体收益较高的优质项目。因此，投资计划甫一出台就被各家商业银行高度关注，各商业银行均希望能搭上“4万亿投资”计划的快车。

第三，信贷规划约束的取消解除了商业银行贷款投放的束缚。自2003年新一届政府成立以来，我国经济持续快速发展，至2007年国民经济已经形成了相当程度的过热。为缓解经济的过热发展，中央明确提出了“防止经济增长由偏快转为过热，防止价格由结构性上涨演变为明显的通货膨胀”的政策举措，多年不用的信贷规模控制手段重新被中央银行使用。而国际金融危机的爆发及国内经济的急剧降温促使人民银行在2008年11月正式取消了商业银行信贷规划的硬约束。商业银行信贷投放束缚的解除后，曾经被抑制的贷款投放意愿增强，除了“4万亿投资”拉动下的大型项目外，一些历史积累的项目也加入到新一轮信贷投放的洪流中，加大了本轮信贷扩张的力度。

二、对此轮扩张性信贷行为配置效率的评价

从本章第二节的分析可知，2009年急剧扩张的信贷资金的投入产

出效率不高，而本轮信贷投放的特点，尤其是向政府背景、国有背景项目的集中是造成配置效率低下的主要原因。

一是最主要的金融资源（信贷资金）集中流向政府平台、大型国有企业等单位及项目，根据历史经验，政府项目的投资效率往往较低。本轮货币信贷投放结构不尽合理，出现了相当程度的集中化趋势，房地产项目及地方政府融资平台贷款的过快增长积累了较大的风险。

二是信贷资金对关系国计民生长远发展的项目配置不足，而对以基建为主的项目配置则可能扩大低水平重复建设的规模，而低水平重复建设的效率往往也较低。在我国扩大内需的政策举措的总体投资格局既定的情况下，信贷资金大量投放在城市基础设施、大型工业项目、铁路交通项目建设等领域，对短期经济增长的带动作用相对较强。但对于国家电子信息、能源安全、科技发展、绿色环保等长远发展的重视程度不足。以环保领域为例，2009 年 3 月 6 日公布的调整后的 4 万亿投资计划中，用于生态环境的投资由 3500 亿元降低至 2100 亿元，成为最大的“输家”之一。此外，国家产业振兴规划中多处提及“淘汰落后产能”的规划目标，而以基建为主的扩大内需的政策措施反而加大了对粗放型、技术含量及质量要求较低的行业产能的需求。而在地方追求产值、税收、就业的利益格局下，关停整顿高耗能、高污染、低效率的小型、微型企业存在较大的地方政府阻力，淘汰落后产能的规划目标较难实现。

三是信贷资金被一些企业集团挪用进入资产市场，而没有进入产业振兴规划所确定的领域，而资产市场并不能形成有效的增加值。宽松的货币政策为大型企业的融资提供了便利，但针对多家大型企业集团调研发现，一些企业利用当前宽松的货币政策获取大量低成本资金后并没有将资金投向产业振兴规划确定的生产领域。具体表现在：一方面部分大型企业在预防性融资需求下，部分资金以定期存款形式在商业银行体内沉淀或在金融市场套利，在一定程度上抵消适度宽松货币政策实施效果；另一方面部分大型企业将资金投向房地产等非主业领域，造成房地产市场频繁出现“央企地王”的现象。[①] 过于充裕的资金，在实体经济尚未完全恢复的情况下，被大量投资于资产市场，造成房地产价格的攀升，并进一步造成民生问题（如房地产高涨的价格已经成为影响居民生活及通胀预期的主要推动力）。

三、此轮信贷结构向政府或国有背景项目集中的原因——博弈论视角的解读

此轮信贷向政府背景项目、国有企业（以下统称为“政府背景项目”）等集中是信贷资源单位产出效率降低的重要原因。但为什么在此轮信贷扩张会向政府背景项目集中？以下在信贷市场一般博弈模型的基础上，通过引入信息变量，构造一个包括所有制冲击变量的博弈模型，分析本轮信贷投放特点的形成原因。

1. 一般情形下的金融（信贷）市场博弈模型[②]

（1）前提假设：不对称信息情形

1）金融市场融资双方（具体到信贷市场上就是银企双方，在直接融资市场上为债券购买者以及债券发行者——企业，以下简称资金融出方为 A，资金融入方为 B）都是理性的“经济人”。

2）A、B 是该博弈中所有参与者。

3）双方进行动态博弈，且 A 与 B 在信息上是不对称的。由于 B 清楚地知道自己的真实情况，比如资产负债状况、盈利能力、还款能力和违约风险大小等，对于融入资金的实际投向及其风险、收益水平、融入资金的偿还概率等信息比较了解，在交易中处于信息优势；而 A

---

① 大型企业集团充裕的资金没有进入实体经济领域，而在以房地产市场为代表的资产市场进行运作，很大程度上导致了资产价格的膨胀，并进而推高通胀预期。

② 应用博弈模型分析金融市场的研究一般反映在信贷市场，如张筱峰、乔立娟（2005）通过银企行为的博弈分析指出银行为了减少信息不对称带来的风险而产生惜贷行为，并对经济运行产生不利影响。康彦彦（2003）从博弈论的角度，对银企之间的信贷行为进行了不对称信息下的动态博弈分析，剖析了银企间信息不对称导致的信贷市场上中小企业的逆向选择行为和银企信贷间的交易成本费用过大是中小企业融资难、难融资的重要制约因素。郝丽萍、谭庆美（2002）通过对我国中小企业融资问题进行系统的研究，建立了中小企业与金融机构之间的信号传递博弈模型。

是资金的提供者，只能凭借 B 提供的诸如报表等信息辨别平均风险，对于资金投向情况及其风险、收益等信息不完全了解，在交易中处于信息劣势。

（2）模型表达式。用 $N=\{1, 2\}$ 表示局中人 A 和 B 的集合：

a_1^1，$a_2^1 \in A_1$ 为局中人 A（资金融出方，信贷市场上的银行，直接融资市场上债券购买者）的策略集合；

a_1^1 表示 A 融出资金（信贷市场上表现为银行决定贷款，直接融资市场上表现为投资者决定购买公司债券）；

a_2^1 表示 A 不融出资金（信贷市场上表现为银行决定不贷款，直接融资市场上表现为投资者决定不购买公司债券）；

a_1^2，$a_2^2 \in A_2$ 为资金融入方 B（企业）的策略集合；

a_1^2 表示 B 履行债务（信贷市场上表现为企业诚实还贷，直接融资市场上表现为企业按期偿付债券本息）；

a_2^2 表示 B 不履行偿付义务（信贷市场上企业欺骗赖账，直接融资市场上企业不按期偿付债券本息）；

用 $B=\{b_1, b_2\}$ 表示企业类型：

b_1 表示有还款能力且愿意偿还债务的资金融入者，即所谓的“好企业”；

b_2 表示无还款能力或者不愿意偿还债务的资金融入者，即所谓的“差企业”。

资金融入方（融资企业）知道自己是哪一个类型，但是资金融出方（银行、债券购买者）并不知道。

U_1，U_2 分别表示 A 和 B 的效用函数，其中，W 表示贷款（债券）本金，r 表示贷款（债券）利率；S 表示银行发放贷款时的筛选成本和随后的监督成本之和（债券投资者筛选成本）；R 表示企业贷款（债券融资）投资所得的收益；T 表示企业获得贷款（成功发行债券）的成本；I 表示企业不守信所带来的名誉损失，包括以后难以从银行取得贷款（难以再次发行债券）及其合作企业的不信任所带来的交易损失；C

表示企业为获得贷款（这类企业一般也很难在直接融资市场获得资金，因为债券购买者一般要比商业银行具有更差的信息）要多花费的成本，如更高价值的担保品和游说公关成本等。

（3）效用函数。

1）A 选择不融出资金：$U_1=U_2=0$；

2）A 选择融出资金给 b_1 并收回本息：$U_1(a_1^1, a_1^2, b_1)=Wr-S$；

3）A 选择融出资金给 b_1 收不回本息：$U_1(a_1^1, a_2^2, b_1)=-W-Wr-S$；

4）A 选择融出资金给 b_2 不能收回本息：$U_1(a_1^1, a_2^2, b_2)=-W-Wr-S$；

5）如果 b_1 守信偿还债务：$U_2(a_1^1, a_1^2, b_1)=R-W-Wr-T$；

6）如果 b_1 不偿还债务：$U_2(a_1^1, a_2^2, b_1)=R-T-I$；

7）对于获得融资的 b_2：$U_2(a_1^1, a_2^2, b_2)=W-T-I-C$。

（4）一次博弈下的纳什均衡。在一次博弈的情况下，A 不去考虑与 B 继续交易的可能，可以假设 $I=0$，通过对效用函数的分析，有：

1）对于：

$U_2(a_1^1, a_2^2, b_1)-U_2(a_1^1, a_1^2, b_1)=R-T-I-(R-W-Wr-T)=W+Wr-I=W+Wr>0$。

2）对于：

只要 $U_2(a_1^1, a_2^2, b_2)=W-T-I-C=W-T-C>0$ 就有激励争取获得融资。也就是说，在一次博弈的情况下，有 $P(a_1^2|b_1)=0$，$P(a_2^2|b_1)=1$，为了最大化自己的效用，无论 b_1 还是 b_2，其最优选择都是 a_2^2，而 A 为避免损失，便会选择 a_2^1。

金融市场上博弈双方的理性选择可以通过一个简单的信贷市场博弈为例来说明。

假设银行贷款给守信企业收益为 8，贷款给失信企业收益为–8，不贷款给守信企业利息损失为–2，而企业守信收益为 8，赖账收益为 16。如表 6–3 中博弈矩阵所示：

表 6-3 信贷市场银企博弈的支付矩阵

		银行战略	
		信任	不信任
企业战略	诚实	(8, 8)	(0, -2)
	赖账	(16, -8)	(0, 0) *

在一次博弈的情况下，唯一纳什均衡为：(不信任，欺骗)，即效用为 (0，0)。

(5) 重复博弈下的纳什均衡。假定一次博弈结束后，博弈双方都预期到可能存在着下一次博弈且每次博弈的结构相同，并假设 A 采取“触发战略”，即 A 首先选择信任；如果 B 选择诚实，A 在下一阶段博弈中仍然选择信任，但是如果在某个阶段博弈中 B 选择欺骗，则此后 B 永远选择不信任，也就是说，此时的 I 值相当大。假设交易继续的可能性为 δ，对于守信者来说，其在将来无限次重复博弈中的收益为：

$$\sum U_2(a_1^1,\ a_1^2,\ b_1)=R-W-Wr-T+\delta(R-W-Wr-T)+\delta^2(R-W-Wr-T)+\cdots+S^n(R-W-Wr-T)=\{1/(1-\delta)\}(R-W-Wr-T)$$

而 B 选择赖账的收益为：$U_2(a_1^1,\ a_2^2,\ b_1)=R-T-I$

只要 $\{1/(1-\delta)\}(R-W-Wr-T)>R-T-I$，$b_1$ 的理性选择就是诚实守信。

一般来说，博弈重复的次数越多，B 偿还债务的积极性越大，因为信誉的净收益会随博弈次数的增加而上升。但是要使 B 重视长远利益，一是需要博弈必须重复足够长的时间；二是 A 与 B 继续交易的可能性较大。所以在重复博弈下的纳什均衡有两种可能：当大于某一数值时，均衡为 (信任，诚实)，这是与 A 重复博弈的选择；而当小于这一数值时，均衡将为 (不信任，欺骗)。

2. 本轮信贷投放的特点——引入所有制冲击变量的博弈模型

(1) 前提假设：所有制冲击变量下信誉与信号传递的作用机制。前提假设及模型表达式中的含义与基本模型相同。

从前述模型博弈的结果来看，银行与企业 (或是债券投资者与企业）之间达成信任交易是能够实现帕累托改进的关键，而模型中 I 值的确定是博弈结果的前提。

I 值的确认需要两个条件：一是 B 具备偿还债务的能力和意愿；二是 B 能够将其偿还债务的能力和意愿的信息传达给 A（或者 A 能够比较容易地甄别出 B 具备的这种信息）。如果这两个条件不能满足，则 I=0。

而此轮信贷投放具有如下特点，可能引发 I 值发生变化：

第一，所有制归属背景促使商业银行经营管理人员认为政府背景项目信贷风险较低，政府将对项目违约责任进行兜底。

由于银行的资产经营活动尤其是信贷交易面临着典型的信息不对称，充满逆向选择和道德风险，属于典型的高风险行业，这就对银行的资产运作提出了较高的安全性要求。因此，以企业价值最大化为最终目标的经营管理理念要求商业银行的经营管理不仅要考虑盈利，更要加强风险意识，把盈利性、流动性、安全性综合加以考虑。从我国商业银行的信贷管理实践来看，为避免人情贷款、关系贷款等违法违规问题，近年来各主要商业银行陆续实行了信贷责任追究制度，一些银行对信贷人员的贷款业务实行“贷款终身责任制”。贷款终身责任制极大地增加了信贷人员的放款压力，信贷业务的合规合法性要求不断提高，在一定条件下甚至导致严重的“借贷”现象。但观察 2009 年商业银行的信贷行为，风险考量和责任约束明显下降，一些明显违法违规的信贷行为屡有发生。比如本轮信贷中的担保主体资格明显违背《担保法》，但商业银行在拥有大量熟悉法律的合规工作人员情况下，仍然对项目贷款大开绿灯。[①] 再如信贷流程中的程序违规，在诸如土地储备贷款、基建项目贷款中，一些银行甚至在如抵押等手续尚未完成的情况下就先放款，过后再补手续。

---

① 2009 年大量信贷项目的担保环节明显违背《担保法》。许多地方通过诸如政府担保、人大会决议出具保函等为各级政府融资平台贷款提供担保。但《担保法》第 8 条明文规定：“国家机关不得为保证人，但经国务院批准为使用外国政府或者国际经济组织贷款进行转贷的除外。”显然，上述信贷行为中的担保环节违反了《担保法》。

商业银行经营管理人员在信贷行为中的表现与贷款项目的所有制属性有很大关系。2009 年主要的信贷项目多与国有企业、各级政府相关，其中包括“4 万亿投资”拉动下的各种基础建设项目以及各级地方政府的地方融资平台项目等。[①]

对于政府背景的项目，商业银行一方面认为在中国行政体制对全社会具有绝对的控制力和影响力的情形下，政府背景的贷款项目一般没有风险，抑或是风险程度很低；另一方面，尽管主要商业银行均已成为具有现代公司治理结构的上市公司，但鉴于国有控股的所有制形式以及政府对商业银行的强势控制地位，银行经营管理人员普遍认为国有银行对国有企业、国有项目的贷款属于资金在体制内的循环，即便信贷项目最终出现风险，银行经营管理者亦没有责任或仅有较轻的责任，特别是对中央要求的“出手要快、出拳要重”的政府项目（含央企项目）的贷款无责任。

第二，“羊群效应”导致政府背景项目成为本轮信贷的集中投放对象。

一般认为，金融市场中的“羊群行为”（Herd Behavior）是指投资者在交易过程中存在学习与模仿现象，从而导致他们在某段时期内买卖相同的股票（Bikhchandani，2002）。“羊群效应”主要包括基于不完全信息的“羊群行为”理论模型（Banerijee，1992；Bikhchandani 和 Welch，1992；Avery 和 Zemsky，1998 等）以及基于声誉的“羊群理论”（Scharfstein 和 Stein，1990；Graham，1999 等）。其主要思想是：在信息高度不对称的市场环境下，投资者无法直接获得别人的私有信息，但却可以通过观察机构投资者的买卖行为来推断其私有信息，此时容易产生个人投资者和机构投资者的“羊群行为”。

行为金融理论上的“羊群效应”对于商业银行的本轮信贷扩张及客户选择亦有着重要影响。由于金融危机影响下的经济复苏形势不明

① 这类项目的贷款占据全部贷款的比重相当高，如政府融资平台的贷款规模十分庞大。包括土地储备中心贷款在内的各种政府背景融资增长十分迅猛，据有关媒体报道，各级政府融资平台 2009 年的融资规模接近 6 万亿元。

朗，商业银行经营管理者对中小企业的经营前景较难判断，而一旦当某个（些）商业银行的信贷投向主要集中在政府融资平台或国有项目上后，其他商业银行也会纷纷追逐此类贷款客户资源，从而造成信贷投放对象的进一步集中，最终导致本轮信贷扩张中政府背景的信贷项目占据绝对主导份额。①

在此信贷行为中，在上述因素作用下，可以达到两个效果：第一，政府背景项目属于好项目（因为有政府明面上或隐形的担保）；第二，政府担保的明示以及其他商业银行的先发信贷行为（“羊群效应”中的先发者）可以向融出方传达出“政府背景项目是好项目”的信息。在此情况下，博弈模型中的I值将会变得很大。

而民营企业、中小企业项目很难在金融危机发生后具备良好的“能够还款且愿意还款”的预期，并将此种“能够还款且愿意还款”的预期传达给商业银行。同时，由于本轮信贷行为的扩张过程十分迅速，民营企业“能够还款且愿意还款”的这种信息传递过程在危机发生后的短时间内越发难以完成。即对于民营企业来说，对于I值的评判则存在极大地不确定性。即使某些民营企业发展效益比较好，具备偿还债务的能力，且企业愿意到期偿还债务。但在交易之前，他们可能没有办法（特别是第一次交易，一次博弈的情形，对其尽职调查需要花费大量时间）向银行或债券投资者展现其偿还债务的能力与意愿。即在一般情形下的博弈模型中，即使是好企业，愿意偿还债务，但如果不能取得银行或投资者信任，他仍然不能够融资，博弈的帕累托改进不能实现。即他们的I值往往等于0。

此时我们将Z定义为所有制影响冲击：

$Z=1$，为政府背景企业或项目；

$Z=0$，为b_2。

不同企业类型的信誉函数为f（I，z）。

① 2010年1月20日网络报道“接近财政部科研所人士透露，2009年全国9万亿信贷中，流向民企的在10%左右，而央企和各级政府‘融资平台’、‘投资公司’则获得了另外90%的规模”。见 http：//business.sohu.com/20100120/n269704296.shtml。

（2）效用函数。

1） A 选择不融出资金：$U_1=U_2=0$；

2） A 选择融出资金给企业并收回本息：$U_1(a_1^1, a_1^2, b_1)=Wr-S$；

3） A 选择融出资金给企业但收不回本息：$U_1(a_1^1, a_2^2, b_1)=-W-Wr-S$；

4） A 选择融出资金给 b_2 不能收回本息：$U_1(a_1^1, a_2^2, b_2)=-W-Wr-S$；

5） 如果企业守信偿还债务：$U_2(a_1^1, a_1^2, b_1)=R-W-Wr-T$；

6） 如果企业不守信赖账：$U_2(a_1^1, a_2^2, b_1)=R-T-f(I, z)$；

7） 政府背景企业项目信誉的函数为：$f(I, z)=f(I, 1)\rightarrow+\infty$；

8） 对于获得贷款的 b_1：$U_2(a_1^1, a_2^2, b_2)=W-T-f(I, z)-C$。

对于 b_2 来说，

$f(I, z)=f(I, 0)\rightarrow 0$

（3）政府背景项目一次博弈的纳什均衡。在一次博弈的情况下，仍然以信贷市场进行说明（直接融资市场同理），由于政府背景企业 $f(I, z)=f(I, 1)\rightarrow+\infty$ 通过对效用函数的分析，有：

$$U_2(a_1^1, a_2^2, b_1)-U_2(a_1^1, a_1^2, b_1)=R-T-f(I, z)-(R-W-Wr-T)=W+Wr-f(I, z)<0$$

$$\forall f(I, z)\rightarrow+\infty$$

此时银企博弈的理性选择仍然借用一个简单的博弈模型来说明。

假设银行贷款给守信企业收益为 8，贷款为失信企业收益为–8，不贷款给守信企业利息损失为–2，而企业守信收益为 8，赖账收益为 16。如表 6–4 中博弈矩阵所示：

表 6–4 政府背景情形下信贷市场银企博弈的支付矩阵

		银行战略	
		信任	不信任
企业战略	诚实	（8，8）*	（0，–2）
	赖账	（16，–8）	（0，0）

由于政府背景项目能够向银行传达有利于交易的信息，此时的纳什均衡解为（信任，诚实）。

（4）政府背景项目重复博弈的纳什均衡。对于政府背景项目来说，重复博弈为常态，信誉在重复博弈中得到进一步地增强。这也是政府背景项目能够从多家商业银行多次获取融资的具体体现。

四、所有制差异与生产要素投入产出效率比较——历史经验视角的解读

上文提及本轮扩张性信贷行为配置效率低下的一个主要原因是信贷资金大量投入到政府或国有背景的项目，从而导致效率低下。从历史实践来看，所有制因素是否是影响生产要素投入产出效率差异的原因？本部分仍然选取国家统计局出版的《中国大企业集团》中的相关企业集团数据，对不同所有制性质企业的生产要素投入产出效率进行比较分析，试图得到历史经验的结论。①

通过比较分析不同所有制类型企业集团效率状况，② 可以看到：

---

① 同前文所述，本处的企业集团依照国家统计局《中国大企业集团》历年统计确定的企业集团范围统计，系指以母子公司为主体，通过投资及生产经营协作等多种方式，与众多的企事业单位共同组成的经济联合体。总部企业内部的统计范围包括：企业集团的母公司、在中国境内和境外的全资子公司（单位）、绝对控股子公司（单位）和相对控股子公司（单位）；不包括参股和协作企业（单位）。从企业集团的涵盖范围来看，主要包括：一是中央企业；二是由国务院批准的国家试点企业集团；三是由国务院主管部门批准的企业集团；四是由省、自治区、直辖市人民政府批准的企业集团；五是年营业收入（主营业务收入与其他业务收入之和）和年末资产总计均在5亿元及以上的其他各类企业集团，包括外商投资企业和私人投资企业等。

关于“企业集团”生产要素效率分析的时间范围。目前较新的《中国大企业集团》的统计时间截至2008年（系2009年10月出版的《2008年中国大企业集团》，据统计局的不确定消息称，该统计在2010年以后不再进行），我们对有关时间序列的分析截至2008年，而起始时间由于各分析指标的统计起始时间不同而有所不同。一是不同指标的统计起始时间不同：涉及企业一般经营的指标起始于1997年，涉及企业财务的指标起始于2004年，涉及企业银行借贷的指标起始于2006年。二是不同对象的统计起始时间不同：在企业集团的所有制性质区分方面，按照企业集团母公司控股情况分类，我国境内各类企业集团主要包括国有控股企业集团、集体控股企业集团、私人控股企业集团、港澳台商控股企业集团、外商控股企业集团等主要类型。国有控股和集体控股企业集团的统计时间较早，而对于私人控股企业集团、港澳台控股企业及外商控股企业集团的统计时间较晚（数据起始于2006年）。因此，我们在比较分析不同类型的企业集团经营效率时主要选择近3年的可比情况（2006~2008年）进行分析。

② 不同所有制企业的经营效率比较结果见附录八。

一方面，外资企业的生产要素效率远高于内资企业，内资企业需要提高经营管理水平以参与全球化竞争。外商控股企业集团的情况都位居各类型企业集团的首位，反映了其良好的经营管理水平。外商控股企业集团主要效率指标领先于其他类型企业集团，其总资产利润率、总资产报酬率、总资产利税率、净资产收益率、资金利润率均处于各类型企业集团之首，而资本保值增值率除 2008 年受到国际金融危机影响外，其他年份也处于领先水平。其中，与内资企业集团的主体——国有控股企业集团相比，外商控股企业集团的总资产利润率比国有控股企业集团高 2 个百分点左右，总资产报酬率和资金利润率高出近 3 个百分点，总资产利税率高出 3 个百分点以上，而净资产收益率则高出达 6 个百分点以上。二者资本投入的效率差别之大尤其值得关注。在国际化、全球化日益深入的今天，参与全球化竞争的压力日益加大，低水平的经营管理能力将使得我国以国有企业为代表的企业集团在全球的竞争力大打折扣，内资企业迫切需要提高经营管理水平以参与全球化竞争。

另一方面，私人控股企业集团的资本投入效率高于国有控股企业集团。国有控股企业集团及私人控股企业集团在全部企业集团资产总量中占据第一、第二，[①] 同属内资企业，且规模存在显著差异，[②] 分析比较这两类企业集团的生产要素投入状态具有代表性。从资本投入的效率来看，私人控股企业集团的所有资本效率指标要明显地高于国有控股企业集团。其中 2006~2008 年私人控股企业集团总资产利润率分别比国有控股企业集团高 1.56、2.21、2.87 个百分点，同期总资产报酬率分别比国有控股企业集团高 1.95、2.71、3.43 个百分点，总资产

① 国有控股企业集团近 3 年数量约占全部企业集团的 45%，总资产占 85%左右，均列第一位；私人控股企业集团数量约占全部企业集团的 40%，总资产约占 9%，均列第二位。

② 各口径的规模比较显示，国有控股企业集团的户均规模均处于各类企业集团的首位，而私人控股企业集团除户均营业收入和户均从业人员近 3 年的总排名超过港澳台商控股企业集团而居倒数第二位，包括户均资产、户均利润、户均股东权益均显示私人控股企业集团均列全部企业集团的末位。国有控股企业集团的户均规模远大于私人控股企业集团，其中 2006~2008 年国有控股企业集团的户均资产约是私人控股企业集团的 8.87 倍，户均股东权益是私人控股企业集团的 8.37 倍，户均营业收入是私人控股企业集团的 4.27 倍，户均从业人员是私人控股企业集团的 4.14 倍。

利税率分别比国有控股企业集团高 1.59、2.41、2.96 个百分点，净资产收益率分别比国有控股企业集团高 3.89、5.55、6.20 个百分点，资本保值增值率分别比国有控股企业集团高 2.33、5.68、4.13 个百分点，资金利润率分别比国有控股企业集团高 2.02、1.02、2.67 个百分点。

2008 年四季度以来，为应对国际金融危机的冲击，我国陆续出台了“4 万亿投资”为代表的一系列扩大内需，促进经济增长的经济振兴计划，并辅之以积极的财政政策和适度宽松的货币政策，商业银行信贷规模不断膨胀，并在 2009 年创下历史新纪录。而观之这一轮的经济扩张，一个主要的表现是国有背景的企业、项目在非常激进地扩张，一些国有企业大举向传统上的民营经济为主的经营领域进军，地方政府融资平台的规模扩大惊人，以银行信贷（甚至包括土地供应）为主要代表的社会物质资本资源主要流向了国有领域。在这一轮的扩张中，民营经济鲜有作为（或在体制及政策挤压下无力作为），获取的社会物质资本资源比重远低于国有经济成分，也显著低于正常年景理应获取的份额。而通过本书的比较分析，我国国有经济（如本书中的国有控股企业集团）的物质资本投入效率要显著低于民营经济（如本书中的私人控股企业集团）。这样一轮向更低效率领域大举配置资源的现象必然导致全部社会资源整体效率的降低。

第四节　对当前我国金融产业效率的评价

一、当前我国金融产业具备较强的利润获取能力

在上文的分析中，我们曾经选取大企业集团为例，分析不同行业企业 2006~2008 年的物质资本效率、人力资本效率以及总效率，总体结论是金融业在上述三个方面均位居前三位，显示了近年来我国金融

产业在国民经济各个不同行业中具有的较为突出的利润获取能力。

实际上，自2008年下半年以来，随着金融危机对我国经济的影响效应逐步显现，我国金融业发展一度面临严峻的局面。但是随着扩大内需以及宽松货币政策的实施，我国金融业主要盈利模式的信贷规模急剧放大，金融业尤其是银行业在最近两年迎来新一轮大规模盈利的高潮。如2010年四大国有商业银行均以千亿级的规模位居中国利润最高的企业，其中中国工商银行更是以1278亿元的利润位居榜首。四大国有商业银行按市值计算均已成为全球最大的前10家商业银行。应该说国有商业银行在21世纪经历不良资产剥离、注资、重组、上市等系列进程后，已经从原来"技术上破产"的窘境涅槃重生为最具盈利能力及潜力的企业集团。

二、我国金融产业自身发展仍然存在一些问题

尽管我国金融业近年来的盈利能力大幅提高，但仍然有几个问题比较突出，特别是在最近一轮信贷扩张中而形成的高盈利模式不可持续，需要高度关注。

第一，收入结构相对单一，息差收入仍然是我国大型商业银行主要收入来源，盈利风险仍然很大。突出表现是商业银行过于依赖传统的信贷业务，盈利建立在承担大量风险的基础上。而中间业务收入在全部收入中的占比依然很低，与经营管理水平居于全球一流的商业银行存在很大差距。根据有关媒体报道，截至2010年9月末，中国股份制商业银行的中间业务收入只占全部业务收入的13.3%，与国际化大银行中间业务收入能占到40%~50%，仍然存在很大差距。商业银行过度依靠存贷利差的盈利模式不可持续。

第二，主要金融市场，尤其是信贷市场利率尚未完全市场化，造成商业银行盈利很大程度取决于中央银行规定的存贷款基准利率利差水平。根据马克思的利息理论，利息是利润在银行资本与工业资本之间的再分配。金融业尤其是银行业作为经营货币的行业，本身并不能

创造实际价值。实际上金融业获取的利润一定程度上就是其他实业部门付出的成本，较高的收费对国民经济整体而言是低效率的表现。在国有商业银行改革过程中，为了给银行提供休养生息的机会，中央银行提高贷款基准利率，并使利差除能够覆盖当前的业务成本和平均损失还应略有余地，使得银行财务状况进一步改善。以利差来为银行创造利润空间并消化资产减记。总体来看，在利率管制以及我国间接融资为主导格局下商业银行具有较强定价权（面对大型企业，商业银行议价能力较低）的情况下，我国商业银行经营的存贷利差①水平在国际上处于较高水平。②较大的息差水平形成了金融业从其他部门攫取了

① 存贷利差是指商业银行资金来源的平均成本率与资金运用的平均收益率之差，是衡量银行盈利能力的重要指标之一。狭义的存贷利差仅指贷款利率与存款利率之差，随着商业银行业务的多元化以及资金来源、运用渠道的增加，广义的存贷利差指商业银行生息资产的收益率水平。

② 境内外商业银行存贷利差对比情况说明如下：

选择金融市场较为发达的美国、日本、欧盟部分国家、中国香港与中国境内存贷利差情况进行对比，考察中国境内存贷利差与发达国家（地区）的差异。鉴于境外并无与中国人民银行存贷款基准利率直接可比的指标，也不公布行业平均的存贷利差数据，在利差比较时进行了两个替代：一是用代表性银行替代国家（地区）。选择发达国家的代表性银行与中国商业银行进行对比：发达国家的银行选择美国的“花旗银行”和“美国银行”、日本的“三菱日联金融集团”、英国的“渣打银行”、德国的“德意志银行”、中国香港的“东亚银行”；中国的银行选择三家国有商业银行“中国工商银行”、“中国银行”、“中国建设银行”，以及两家股份制银行“招商银行”和“民生银行”。二是存贷利差指标选择各行年报中的“净利差”（个别银行年报中不公布净利差数据，用净息差取代）。以“净利差”指标替代一年期存贷利差指标。

第一，中国境内商业银行净利差情况。2005~2009年，将工、中、建、招商、民生5家银行作为一个整体，则5年内整体净利差平均水平分别为2.53%、2.50%、2.83%、2.92%和2.23%，基本围绕2.5%线上下波动，最大波幅为69个基点。若以该5家银行代表整个银行业，则5年内行业净利差平均水平为2.62%。

分银行来看，5年内工、中、建、招商、民生5家银行净利差平均水平分别为2.50%、2.31%、2.77%、2.74%和2.78%。其中，中国银行的净利差水平最低，低于平均水平31个基点；民生银行的净利差水平最高，高于平均水平12个基点。

第二，发达国家（地区）银行净利差情况。2005~2009年，花旗银行、美国银行、渣打银行、德意志银行、三菱日联和东亚银行整体净利差平均水平分别为1.85%、1.81%、1.76%、2.03%和2.05%，最大波幅为24个基点，波动幅度小于中国境内银行。5年内6家境外银行净利差平均水平为1.90%。

分银行来看，5年内花旗银行、美国银行、渣打银行、德意志银行、三菱日联和东亚银行6家境外银行的净利差平均水平分别为2.85%、2.40%、2.46%、0.68%、1.14%和1.86%。其中花旗银行的净利差水平最高，高于平均水平95个基点；德意志银行的净利差水平最低，低于平均水平122个基点。

第三，境内外银行净利差水平对比。对比2005~2009年我国境内5家银行和6家境外银行净利差水平，发现其呈现如下特点：

一是中国境内银行的净利差平均水平高于境外银行。2005~2009年，6家境外银行的净利差平均水平为1.90%，同期中国境内商业银行的净利差平均水平为2.62%，高于境外银行72个基点。

二是德意志银行和三菱日联金融集团的净利差水平与中国境内商业银行差距较大。2005~2009年，德意志银行和三菱日联的净利差平均水平分别为0.68%和1.14%，远低于中国境内2.62%的平均水平。

三是美国银行、花旗银行和渣打银行的净利差水平与中国境内商业银行相当。2005~2009年，3家国外银行的净利差平均水平分别为2.85%、2.40%和2.46%，与中国境内2.62%的平均水平极为接近。特别是花旗银行在大多数年份的净利差水平都高于中国商业银行。

过多利润的局面。且一旦利率市场化进一步推进，在外资银行竞争下，国内商业银行赢利水平将会受到很大冲击。

第三，我国商业银行的资产费用率等因素对商业银行存贷款定价的影响越来越大。在扣减银行的营业费用、资产减值准备和税收后，剩余的净利差收入才能构成银行的净利润。随着资产费用率、资产减值准备率和资产税收率的不断攀升，商业银行被迫会调整存贷款利率定价，以保证必要的赢利水平。由于我国存贷款利率定价的变动不是由商业银行通过市场竞争自主完成，而是由中央银行直接调整法定存贷款利率及其浮动幅度进行，因此，我国商业银行存贷款利率自主定价能力普遍较差，赢利能力的提高和稳定性也受到了影响。

第四，最近的信贷扩张中出现的委托代理机制促使商业银行经营管理层行为利益内生化。由于现代银行规模大，股东分散、[①]银行管理专业性强，大多实行委托代理制。根据罗斯尔德（Rothschild，1947）、巴摩尔（Baumol，1959）、威廉姆森（Willianson，1963）等的研究，伴随着现代银行的委托代理经营模式产生，商业银行经营管理者的首要目标是企业的长期生存，进而追求自身利益。毛利斯（Marris，1964）也指出股东只追求“股东价值最大化”，而经理人在追求“股东价值最大化”的同时还要追求个人利益最大化，当两者的目标发生冲突时，经理完全有可能为了个人的利益而损害股东的利益。综观2009年商业银行信贷行为，其中不少反映了经营管理者自身的利益考量。

第五，商业银行经营管理层主观调控利润实现程度，赢利性考核指标的完成进度成为决定贷款投放节奏的主要考虑因素。2009年的信贷投放不仅表现出规模的空前，同时也体现了明显的节奏性。本着“早投放、早收益”的基本考虑，2009年第一季度和第二季度的贷款投放量显著高于第三季度、第四季度。而当赢利任务完成后，信贷投放动力就会明显下降。根据对北京地区177家商业银行分支机构的问卷调查显示，如果2009年第三季度考核指标完成，第四季度51%的商

① 国有控股的银行更容易因为国有出资人“虚位”或“缺位”而出现经营管理层忽视股东利益的行为。

业银行投放贷款动力减弱。商业银行信贷投放节奏的控制一定程度上体现了商业银行经营管理人员的内部控制行为特征。当经营管理层在一定程度上实现了股东给予的利润指标时，为保障利润指标完成的可持续性，[①]管理层有动力控制本年利润指标。而在层层委托代理机制下，商业银行各分支行也可能为保证下一年考核指标的完成放缓了当前的贷款投放，这在2009年12月的信贷市场反映十分明显。

第六，部分商业银行分支机构出现短期化行为。2009年迅猛的信贷增长中，亦有一些短期化行为的发生，为当前利益而无视长期风险。比如对政府融资平台的贷款行为中，尽管短期内项目风险不会显现，但银行经营管理者在已经预期长期存在较大风险的情况下，依然会进行放贷。以北京为例，短期内政府投融资平台贷款质量良好，2009年9月末，北京市政府投融资平台，不良贷款率仅为0.03%，[②]远低于1.05%的全市金融机构不良贷款率水平。但有关调查显示，近50%被调查银行（剔除选择“不好判断”选项的问卷）认为，本轮新发放的政府投融资平台贷款的风险可能会在未来3~5年后显现。在已经预期后续风险存在的前提下，政府融资平台项目贷款依然是商业银行当前追逐的“香饽饽”，反映了部分银行经营管理者的短期行为。

① 如本年度利润很高，则下一年的利润压力会进一步加大。
② 并且其中98.3%的不良贷款产生于2003~2005年发放的投融资平台贷款。

第七章　进一步发挥金融效率的政策选择

本书从金融功能效率、金融配置效率、金融产业自身效率三个层面分析了中国产业发展中的金融效率问题。纵观新中国的经济发展进程，特别是改革开放以来，我国金融功能效率的发挥为经济增长、产业扩张及结构调整奠定了重要基础；金融配置效率逐步提高，在促进社会资源有效配置，促进国民经济又好又快发展中发挥了重要作用；金融业自身作为国民经济的一个重要组成部分，在经过21世纪的涅槃重生后焕发了生机与活力，已经成为我国经济最具赢利能力的产业。但诚如本书前文的分析，上述三个层面的金融效率均存在需要进一步改进的地方。作为现代经济的核心，金融效率的充分发挥是促进现代经济发展的重要条件，下一步的改革应在如下方面进行进一步的探索：

第一，改革和完善金融体系，充分发挥金融功能效率，为支持实体经济发展创造良好的金融运行环境。

虽然我国经济已经取得举世瞩目的成就，但长期内我们仍然是一个发展中国家，仍然需要一个较快的经济增长速度来夯实我国各项事业发展的物质基础。在此过程中，金融有着不可替代的作用。

（1）大力发展金融市场，保持货币信贷合理稳定增长，发挥金融在支持经济增长、促进就业等方面的作用。继续保持货币信贷的合理增长，为各类经济主体提供必要合理的流动性支持，尤其是要加大对国民经济中更具活力的中小企业的支持力度。补充完善多层次金融市场的建设，积极推动企业债券、产业投资基金、创业投资基金等的发展，进一步便利中小企业、高新技术企业开展产权交易及投融资活动。

进一步改善融资结构，扩大直接融资比重，充分发挥各类金融市场的作用，鼓励企业通过债券、股票、中期票据等多种融资形式获取发展资金。加大金融对基础设施建设的支持力度，发挥金融杠杆的带动作用，吸引社会资金进入基础设施投资领域，进一步夯实社会经济发展的基础。

（2）切实维护金融稳定，有效防范和化解系统性金融风险，为国民经济平稳健康运行创造良好的金融运行条件。通过进一步健全金融监管的协调机制，提高监管效率，加强对宏观金融稳定的监测、评估与分析，强化对各类金融机构、企业、居民的投资、资产运用等行为的风险指引。引导鼓励金融机构建立健全金融风险防范机制，构筑金融风险防范的制度基础，加大对各种金融违法犯罪活动的防范和打击力度，切实维护金融安全稳定，为宏观经济运行和市场经济主体的经营活动创造良好的金融运行环境。

（3）加强金融基础设施建设，改善金融服务质量，进一步提高金融服务实体经济的水平。加强支付体系的基础设施建设，提高结算清算业务的效率，进一步满足经济发展的资金结算清算需求。加大征信体系建设的力度，突出发挥征信系统的作用，整合各类信用信息资源，为政府部门、金融机构、企业及居民提供便利的征信服务。

第二，发挥金融支农作用，夯实农业国民经济基础地位。

金融要在夯实农业基础地位方面发挥作为。长期以来，农业一方面通过工农产品价格“剪刀差”的形式为第二产业，尤其是为工业的发展提供了大量廉价的供给；另一方面涉农金融的发展也受到相当程度地抑制。主要表现在：在资金供给上，通过各种形式从农村向城市输出资本，银行信贷资金长期供给不足，储蓄外流现象严重。多年来农业贷款的发放主体仍然主要是农村信用社，国有商业银行用于农业贷款的资金量很小。由于国有商业银行县支行的贷款权上收，其吸收的存款大多流向城市，农村资金“非农化”的现象十分突出。邮政储蓄机构在农村只存不贷，每年外流的资金量很大。在金融机构设置上，县级金融机构大量撤并导致县域金融体系萎缩，甚至出现了“空洞化”

现象，很多地方只有农村信用社一家金融机构。在金融产品上，农村的金融功能弱化，金融产品少，金融服务种类单调，基本上只有传统的存贷业务，中间业务和外汇业务种类很少。因此，当前和今后一个时期，要进一步加大金融对“三农”的支持力度。

（1）涉农金融机构主体需要进一步拓展，通过放宽金融机构的“门槛”设置及创新活动，通过因地制宜地恢复农业银行的乡镇网点，设立政策性农业保险机构、担保机构、村镇银行、小额贷款公司、农村互助社、农民专业合作社等新型农村金融机，进一步丰富农村地区金融机构的范围，提高农村地区金融资源供给能力。

（2）理顺资金流动机制，减少农村地区资金外流，在条件成熟时应加大城市资金反哺农村的力度。可以通过尽快健全邮政储蓄银行县及县级以下分支机构，完善商业银行运作机制，充分利用其现有乡镇网点分布较多的优势，拓展邮政储蓄银行对农村的贷款业务，引导邮政储蓄资金返还农村，促使农村邮政储蓄由“抽血机制”向“输血机制”转变。进一步推进农村资金互助社试点工作，鼓励有条件的农民专业合作社开展信用合作试点。通过政策引导和资金补助鼓励村镇银行、农村资金互助社等新型农村金融机构和小额贷款公司将资金投向“三农”领域。

（3）加大涉农金融业务创新的力度，降低涉农贷款业务办理在抵押质押方面的“门槛”要求，抓住机遇加快发展涉农金融业务。引导鼓励符合条件的商业银行将信贷资金投向农业领域。因地制宜地推出适合农业农村农民需求的金融产品和服务。通过构建多层次、相互补充的新型农村金融支持体系，完善涉农金融风险补偿机制，发展新型农村合作保险制度。

（4）在涉农资金价格上形成政策倾斜，对涉农贷款给予政策倾斜，扩大农业发展资金的来源基础。认真落实社员和信用户利率优惠政策，尽可能地给农民以利率优惠，减轻农民利息负担。将农业产业保险与其他商业性保险区分开来，建立优惠保险费率和赔偿体系，使农业保险能真正发挥其在新农村建设中的重要作用。

第三，加强引导，重点扶持，进一步发挥金融在促进产业结构优化升级上的作用。

21世纪以来，我国三次产业平衡发展有所改善。在保持第二产业持续快速发展的同时，第三产业尤其是现代服务业需要进一步增强。同时，我们也需要认识到，在相当长时期内，我国尚不能进入发达国家第三产业占主导的局面。实际上，发达国家在第三产业过度发展，第二产业向他国转移的过程中往往也出现产业空心化（Deindustrialization）的问题。因此，当前产业发展、产业结构调整的主要任务体现在一方面要大力促进第三产业的发展，另一方面需要突破各次产业内部结构升级的“瓶颈”，实现集约化发展、高效率发展。

（1）加大对重点企业、重点行业、新兴主导产业的支持，促进关键部门发展，提高经济发展的核心竞争力，通过有扶有控的信贷政策及直接融资政策，促进产业结构调整。针对部分领域金融资源过剩与其他领域金融资源匮乏同时存在的情况，[①] 发展中国家尤其需要通过适当的信贷政策对金融资源的配置进行引导。[②] 只有信贷资金严格遵循按效率和风险控制的原则来决定配置，产业结构才有可能进行合理的调整。直接融资政策需要进一步体现产业结构升级的政策意图，在鼓励企业通过短期融资券、中期票据、企业债券、公司债券、股票等多种直接融资手段获取发展资金的同时，进一步配合国家产业政策的落实，进一步促进引导产业结构的升级。

（2）通过各类形式的政策性金融业务引导产业结构升级。对那些

---

① 林毅夫（2007）认为对于一个处于快速发展阶段的发展中国家而言，在产业升级时，企业所要投资的是技术成熟、产品市场已经存在、处于世界产业链内部的产业，这个发展中国家的企业很容易对哪一个产业是新的、有前景的产业产生共识，投资上容易出现“潮涌现象”，许多企业的投资像波浪一样，一波接着一波地涌向相同的某个产业。在每一波开始出现时，每个企业对其投资都有很高的回报预期，金融机构在“羊群行为”的影响下也乐意给予这些投资项目金融支持。然而，等到每个企业的投资完成后，不可避免地将会出现产能严重过剩，企业大量亏损破产，银行呆坏账急剧上升的严重后果。而且，即使在现有的产业已经产能大量过剩、出现通货紧缩的情况下，对下一个新产业投资的“潮涌现象”也可能继续发生。

② 发展中国家的企业主要的融资手段是以银行信贷为主的间接融资，而在具有发达金融市场的国家，企业则以直接融资为主，因此发展中国家的信贷政策导向尤为重要。

具有战略意义的产业部门进行政策性金融业务扶持，有利于增强商业性金融的信心，提高民间投资的收益预期，降低投资风险预期，改善经济增长和产业发展的质量，增强发展的持续性。同时通过积极发挥财政政策的杠杆作用，特别是注意发挥财政贴息的杠杆作用，放大金融支持经济发展的力度，扩大信贷支持产业发展、技术改造和产业升级上的作用。加强发挥政策性信用担保机构的作用，扩大政策性信用担保基金金额，增加担保机构家数，降低担保条件，提高代偿率和放大倍数，改善战略性新兴产业及企业的融资条件。

第四，进一步建立和完善各种所有制经济公平竞争的市场经济运行机制，提高金融资源的配置效率，促进国民经济全面协调发展。

我国是一个发展中大国，近年来在经济快速增长中日益面临资源紧缺的约束。虽然经过多年积累，但相对于人口负担和就业压力，资本（金融资源）依然是紧俏的稀缺资源。将有限的金融资源配置到最具效率的地方，实现国民经济的持续快速发展，并适时进行产业结构升级，是当前金融领域的最重要命题之一。要进一步建立和完善各种所有制经济公平竞争的市场经济运行环境，充分尊重资金流转的规律，金融不等同于以政策性功能为主的财政，金融发展应该首先遵循效率原则。不论何种所有制形式，在市场经济条件下，金融资源的价格应由供求来决定，资金价格与产出增长的效率连在一起，经济效率高，说明资金的增殖能力大，资金的需求就增加，资金的价格也自然会上升，要进一步理顺市场运行机制，促使资金向高效的、更具竞争力的行业和企业配置。只有通过更高效的发展，才能在发展过程中尽可能多地获取经济剩余，进一步积累发展所需的资本与资源，从而实现全社会资源禀赋结构的动态变迁，并以此推动产业结构调整。

第五，夯实金融产业发展的基础与质量，大力提高金融产业竞争力，进一步发挥其在国民经济中的带动作用。

金融产业作为现代经济的明星产业，尽管在近年来取得了突出的成绩，尤其是赢利能力实现了巨大的飞跃。但是下一步的改革发展仍然任重而道远，在完成剥离不良资产、注资、重组、上市，初具现代企业集团模式的同时，要进一步加强经营管理能力的建设，适应开放的市场经济发展的要求，有效控制、防范和化解风险，实现高效、可持续的发展。宏观调控应该切实转向以“间接调控”为主的模式，通过市场化的金融政策手段引导金融市场运行，同时应该努力避免政府部门对金融机构资金投向的直接干预，把政策性金融与商业性金融业务严格区别开来，避免政策性负担在商业性金融领域的扩散，避免干扰正常的以效率为先的金融产业经营管理行为。

附　录

附录一　金融深化与经济增长、产业扩张的计量分析结论

选取近 10 年来（1998 年第一季度至 2008 年第四季度的季度数据）的 GDP 增长、第一产业、第二产业、第三产业增长与金融深化指标来研究问题。以 Y 代表 GDP 增长（国内生产总值增速），y_1 为第一产业增长水平（第一产业增加值增速），y_2 为第二产业增长水平（第二产业增加值增速），y_3 为第三产业增长水平（第三产业增加值增速），Depth 为金融深度指标（为货币供应量 M2/GDP）。有关变量的平稳性检验显示各变量均为一阶平稳。使用 EG 两步法进行分析，各回归方程总体显著（第一产业显著性水平稍差），且残差方程平稳，显示金融深化过程能够有效解释 GDP 及各产业量的扩张，回归系数为正，显示金融深化过程与产业发展呈正相关关系。

附表 1-1　平稳性检验

变量	检验形式（C，T，K）	ADF 统计量	临界值	结论
Y	0，0，1	0.110900	-1.6199*	Y 为一阶平稳序列
ΔY	0，0，1	-4.021016	-2.6196***	
Y_1	0，0，1	0.182520	-1.6199*	Y_1 为一阶平稳序列
ΔY_1	0，0，1	-4.656918	-2.6196***	

续表

变量	检验形式（C，T，K）	ADF 统计量	临界值	结论
Y_2	0，0，1	−0.073435	−1.6199*	Y_2 为一阶平稳序列
ΔY_2	0，0，1	−3.690217	−2.6196***	
Y_3	0，0，1	−0.117001	−1.6199*	Y_3 为一阶平稳序列
ΔY_3	0，0，1	−4.467456	−2.6196***	
Depth	0，0，1	−0.183433	−1.6199*	Depth 为一阶平稳序列
ΔDepth	0，0，1	−6.992478	−2.6196***	

注：其中检验形式（C，T，K）表示单位根检验方程包括常数项、时间趋势和滞后项的阶数。Δ 表示差分算子。***、**、* 分别表示在 1%、5%和 10%的显著性水平下的临界值。后续表同。

附表 1–2 方程系数检验结果

方程	因变量	自变量的系数及系数 T 检验的概率 P 值（P 值 < 0.05 则检验结果显著）			
		常数项		Depth	
		系数	P 值	系数	P 值
1	Y	3.090202	0.0482	4.640864	0.0001
2	Y_1	1.229575	0.3359	1.685102	0.0582
3	Y_2	3.039632	0.1223	5.351776	0.0002
4	Y_3	6.662374	0.0000	2.558424	0.0137

附表 1–3 方程检验结论

方程	Adjusted R-squared	Prob (F-statistic)	方程残差的平稳性检验结果			结论
			检验形式	ADF 统计量	临界值	
1	0.305277	0.000060	0，0，1	−2.176342	−1.9488**	各个方程的残差检验平稳，显示在 EG 两步法下存在协整关系，回归有效
2	0.060947	0.058242	0，0，1	−2.386727	−1.9488**	
3	0.263907	0.000215	0，0，1	−2.267675	−1.9488**	
4	0.115585	0.013709	0，0，1	−2.513137	−1.9488**	

附录二 银行信贷与经济增长、产业扩张的计量分析结论

以 LDK（代表银行贷款增长指标，为贷款季末余额的对数，可以近似为贷款的增长率，经济增长指标亦使用的是增长率指标）来研究

中国 1998~2008 年银行信贷与 GDP 及三次产业增长的关系。GDP 及三次产业的平稳性结果见附表 2-1，LDK 的平稳性检验亦显示其为一阶平稳序列。仍然采取 DG 两步法，有关检验结论显示贷款增长与 GDP 及各产业量的扩张呈现显著的正相关关系。

附表 2-1 LDK 的平稳性检验

变 量	检验形式（C，T，K）	ADF 统计量	临界值	结论及备注
LDK	C，0，1	0.564229	-2.6039*	LDK 为一阶平稳序列
ΔLDK	C，0，1	-3.731212	-3.5973***	

注：其余变量的平稳性检验结论同附录一。

附表 2-2 方程系数检验结果

方程	因变量	自变量的系数及系数 T 检验的概率 P 值（P 值 < 0.05 则检验结果显著）			
		常数项		LDK	
		系数	P 值	系数	P 值
5	Y	-28.25531	0.0000	3.196827	0.0000
6	Y_1	-16.17489	0.0003	1.666722	0.0000
7	Y_2	-34.00160	0.0000	3.761638	0.0000
8	Y_3	-17.02943	0.0003	2.300957	0.0000

附表 2-3 方程检验结论

方程	Adjusted R-squared	Prob (F-statistic)	方程残差的平稳性检验结果			结论
			检验形式	ADF 统计量	临界值	
5	0.661865	0.000000	0，0，1	-1.668077	-1.6199*	各个方程的残差检验平稳，显示在 EG 两步法下存在协整关系，回归有效
6	0.340286	0.000019	0，0，1	-2.431419	-1.9488**	
7	0.600344	0.000000	0，0，1	-1.826846	-1.9488**	
8	0.471283	0.000000	0，0，1	-2.863935	-2.6182***	

附录三　关于 15 个行业信贷配置与产出的生产函数推演

由于 15 个行业基于信贷配置的生产函数形式将在很大程度上影响甚至决定我们对信贷资金配置效率的判断，因此，有必要简单交代 15

个行业生产函数的具体模拟过程。由于数据期间较短（仅有 3 年），因此，理论上只能进行二次函数形式的模拟（自由度允许的条件下）。因此首先对各行业进行二次生产函数的模拟。经过模拟，发现部分行业仍然处于产出递增阶段，但显然产出递增不符合一种可变要素投入的生产函数的完整形态，因此，对于这类行业的市场函数，我们通过一定的技术处理，主观延长数据，模拟三次生产函数，使得生产函数总体呈现先递增后递减的情况，即要求在函数形式为：zjz_ = c(1)*dk_ + c(2)*dk_^2 + c(3)*dk_^3，其中，c_1，$c_2>0$，$c_3<0$，并且要求各行业生产函数的拟合效果较好（调整 $R^2>0.7$）。

1. 农副食品加工业

首先进行二次生产函数模拟，得到：

ZJZ_NF = 13.68137064*DK_NF + 0.01424021358*DK_NF^2

由于系数不满足边际产出递减规律，因此主观延长数据区间模拟三次生产函数得到：

ZJZ_NF =14.14917663*DK_NF +0.03014989546*DK_NF^2 –7.834091411e – 05*DK_NF^3

其计量输出结果为：

附表 3–1

	Coefficient	Std. Error	t-Statistic	Prob.
C (1)	14.14918	4.385729	3.226185	0.0484
C (2)	0.030150	0.025787	1.169171	0.3268
C (3)	–7.83E-05	3.53E-05	–2.221829	0.1129
R-squared	0.953870	Mean dependent var		4329.833
Adjusted R-squared	0.923116	S.D. dependent var		984.1253
S.E. of regression	272.8780	Akaike info criterion		14.36278
Sum squared resid	223387.2	Schwarz criterion		14.25866
Log likelihood	–40.08834	Durbin–Watson stat		1.967683

模拟系数符合设定的要求，且模拟效果较好（调整 $R^2>0.7$），采取其作为生产函数，其模拟如附图 3–1 所示。

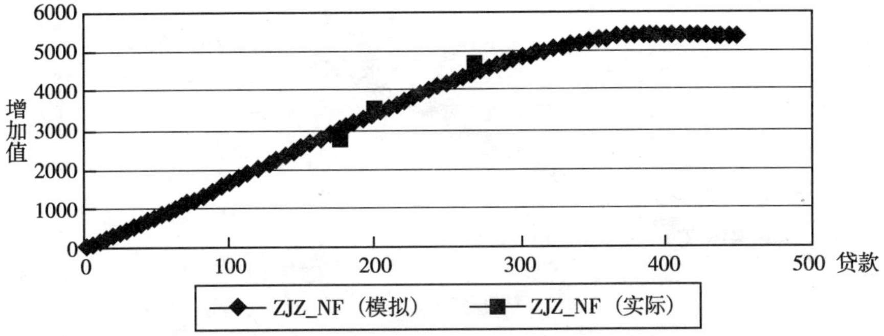

附图 3-1 农副食品加工业模拟生产函数曲线与实际值

2. 食品制造业

首先进行二次生产函数模拟，得到：

ZJZ_SP=2.423848028*DK_SP+0.04804819283*DK_SP^2

系数不满足边际产出递减规律，主观延长数据区间模拟三次生产函数得到：

ZJZ_SP =0.3138260802*DK_SP +0.1067056682*DK_SP^2 –0.0002869606634*DK_SP^3

其计量输出结果为：

附表 3-2

	Coefficient	Std. Error	t-Statistic	Prob.
C（1）	0.313826	3.652738	0.085915	0.9369
C（2）	0.106706	0.035773	2.982862	0.0585
C（3）	–0.000287	8.01E-05	–3.583037	0.0372
R-squared	0.959297	Mean dependent var		1574.522
Adjusted R-squared	0.932162	S.D. dependent var		426.8463
S.E. of regression	111.1750	Akaike info criterion		12.56694
Sum squared resid	37079.65	Schwarz criterion		12.46282
Log likelihood	–34.70082	Durbin-Watson stat		2.701026

模拟系数符合设定的要求，且模拟效果较好（调整 $R^2>0.7$），采取其作为生产函数，其模拟如附图 3-2 所示。

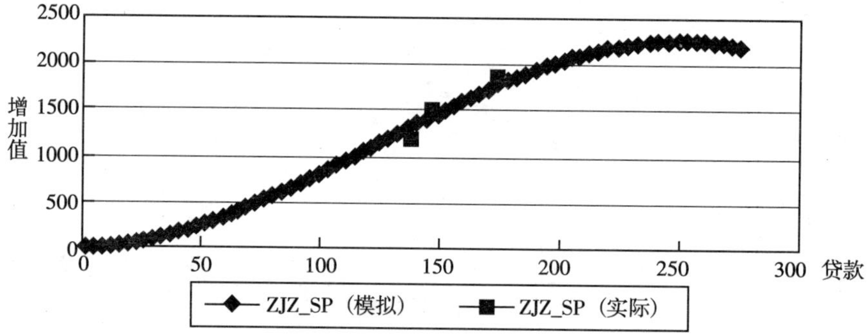

附图 3-2 食品行业生产函数模拟曲线与实际值

3. 烟草制品业

首先进行二次生产函数模拟，得到：

ZJZ_YC=266.231971*DK_YC-5.974142025*DK_YC^2

其计量输出结果为：

附表 3-3

	Coefficient	Std. Error	t-Statistic	Prob.
C（1）	266.2320	0.758322	351.0802	0.0018
C（2）	-5.974142	0.023814	-250.8656	0.0025
R-squared	0.999943	Mean dependent var		2452.850
Adjusted R-squared	0.999886	S.D. dependent var		434.0577
S.E. of regression	4.634601	Akaike info criterion		6.139698
Sum squared resid	21.47952	Schwarz criterion		5.538773
Log likelihood	-7.209547	Durbin-Watson stat		2.908118

模拟系数符合设定的要求，且模拟效果较好（调整 $R^2>0.7$），可以直接采取其作为生产函数，其模拟如附图 3-3 所示。

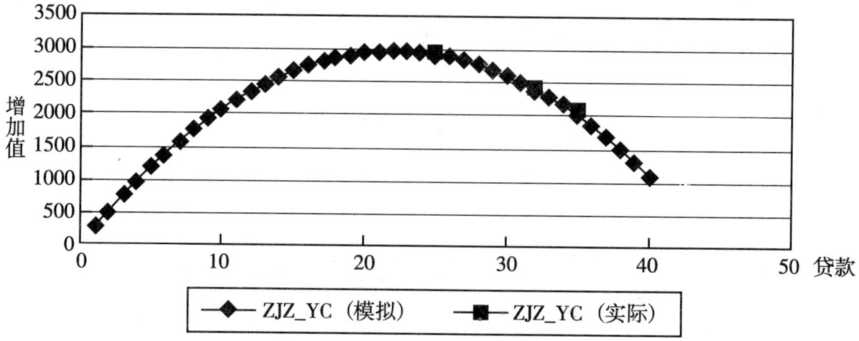

附图 3-3 烟草制品业模拟生产函数曲线与实际值

4. 纺织业

首先进行二次生产函数模拟，得到：

ZJZ_FZ=11.14571126*DK_FZ+0.005924358979*DK_FZ^2

系数不满足边际产出递减规律，主观延长数据区间模拟三次生产函数得到：

ZJZ_FZ=10.42211795*DK_FZ+0.02725839752*DK_FZ^2-5.550388957e-05*DK_FZ^3

其计量输出结果为：

附表 3-4

	Coefficient	Std. Error	t-Statistic	Prob.
C（1）	10.42212	7.597285	1.371821	0.2637
C（2）	0.027258	0.045745	0.595874	0.5932
C（3）	-5.55E-05	6.64E-05	-0.835483	0.4648
R-squared	0.938122	Mean dependent var		4219.517
Adjusted R-squared	0.896870	S.D. dependent var		955.4900
S.E. of regression	306.8440	Akaike info criterion		14.59741
Sum squared resid	282459.7	Schwarz criterion		14.49329
Log likelihood	-40.79223	Durbin-Watson stat		2.063804

模拟系数符合设定的要求，且模拟效果较好（调整 $R^2>0.7$），采取其作为生产函数，其模拟如附图 3-4 所示。

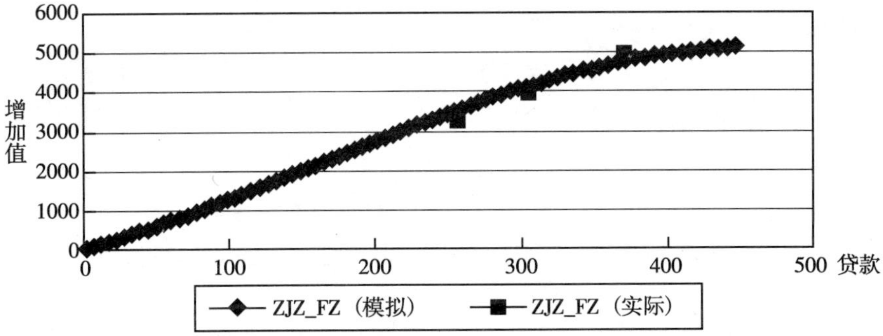

附图 3-4 纺织业模拟生产函数曲线与实际值

5. 纺织服装、鞋、帽制造业

首先进行二次生产函数模拟，得到：

ZJZ_XM=19.59374336*DK_XM+0.04703536024*DK_XM^2

系数不满足边际产出递减规律，主观延长数据区间模拟三次生产函数得到：

ZJZ_XM=15.20325954*DK_XM+0.1934293329*DK_XM^2-0.001135482974*DK_XM^3

其计量输出结果为：

附表 3-5

	Coefficient	Std. Error	t-Statistic	Prob.
C（1）	15.20326	4.030276	3.772262	0.0196
C（2）	0.193429	0.070549	2.741776	0.0518
C（3）	-0.001135	0.000294	-3.867134	0.0180
R-squared	0.988216	Mean dependent var		2324.097
Adjusted R-squared	0.982324	S.D. dependent var		523.0878
S.E. of regression	69.54492	Akaike info criterion		11.61935
Sum squared resid	19345.98	Schwarz criterion		11.59617
Log likelihood	-37.66772	Durbin-Watson stat		1.906929

模拟系数符合设定的要求，且模拟效果较好（调整 $R^2>0.7$），可以直接采取其作为生产函数，其模拟如附图 3-5 所示。

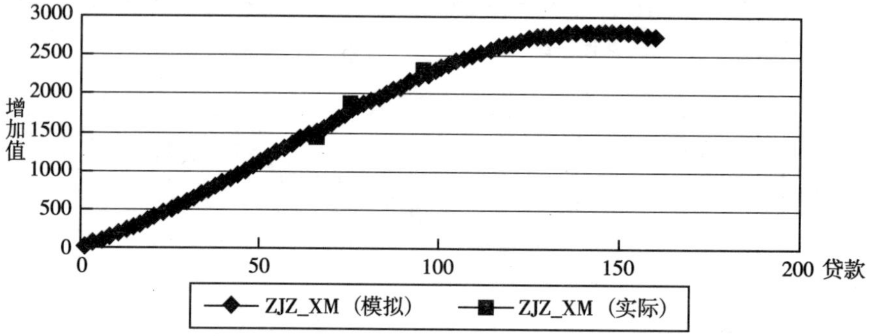

附图 3-5 纺织服装、鞋、帽制造业模拟生产函数曲线与实际值

6. 造纸及纸制品业

首先进行二次生产函数模拟，得到：

ZJZ_ZZ=4.400215987*DK_ZZ-0.00188094501*DK_ZZ^2

其计量输出结果为：

附表 3-6

	Coefficient	Std. Error	t-Statistic	Prob.
C（1）	4.400216	0.175931	25.01106	0.0254
C（2）	-0.001881	0.000402	-4.682752	0.1339
R-squared	0.996865	Mean dependent var		1425.297
Adjusted R-squared	0.993729	S.D. dependent var		300.2169
S.E. of regression	23.77369	Akaike info criterion		9.409757
Sum squared resid	565.1883	Schwarz criterion		8.808832
Log likelihood	-12.11464	Durbin-Watson stat		2.799268

模拟系数符合设定的要求，且模拟效果较好（调整 $R^2>0.7$），可以直接采取其作为生产函数，其模拟如附图 3-6 所示。

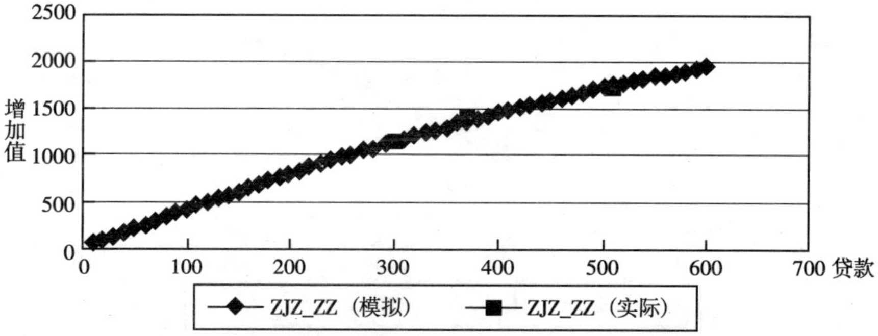

附图 3-6 造纸及纸制品业模拟生产函数曲线与实际值

7. 石油加工、炼焦及核燃料加工业

首先进行二次生产函数模拟，得到：

ZJZ_SY=0.4052402007*DK_SY+0.002087945486*DK_SY^2

系数不满足边际产出递减规律，主观延长数据区间模拟三次生产函数得到：

ZJZ_SY=0.2615388514*DK_SY+ 0.00386644129*DK_SY^2-1.068145976e-06*DK_SY^3

其计量输出结果为：

附表 3-7

	Coefficient	Std. Error	t-Statistic	Prob.
C（1）	0.261539	2.093128	0.124951	0.9066
C（2）	0.003866	0.002275	1.699208	0.1645
C（3）	-1.07E-06	5.42E-07	-1.972426	0.1198
R-squared	0.861081	Mean dependent var		4598.979
Adjusted R-squared	0.791622	S.D. dependent var		2123.661
S.E. of regression	969.4178	Akaike info criterion		16.88880
Sum squared resid	3759084	Schwarz criterion		16.86561
Log likelihood	-56.11078	Durbin-Watson stat		1.501976

模拟系数符合设定的要求，且模拟效果较好（调整 $R^2>0.7$），可以直接采取其作为生产函数，其模拟如附图 3-7 所示。

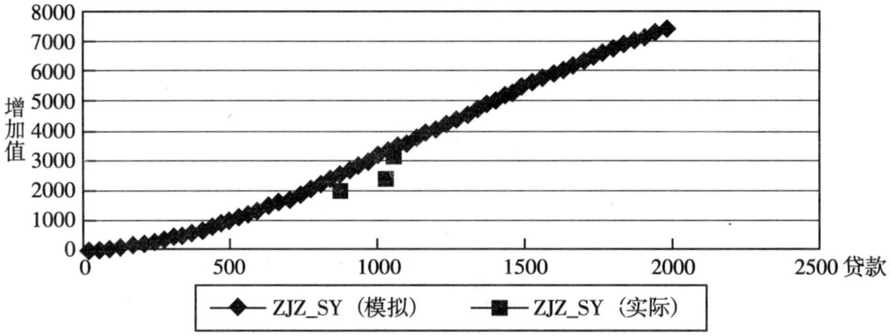

附图 3-7 石油加工、炼焦及核燃料加工业模拟生产函数曲线与实际值

8. 化学原料及化学制品制造业

首先进行二次生产函数模拟，得到：

ZJZ_HX=5.620369347*DK_HX-0.0007309580002*DK_HX^2

其计量输出结果为：

附表 3-8

	Coefficient	Std. Error	t-Statistic	Prob.
C（1）	5.620369	0.467822	12.01391	0.0529
C（2）	-0.000731	0.000327	-2.233714	0.2680
R-squared	0.988874	Mean dependent var		5710.377
Adjusted R-squared	0.977748	S.D. dependent var		1498.742
S.E. of regression	223.5694	Akaike info criterion		13.89204
Sum squared resid	49983.27	Schwarz criterion		13.29112
Log likelihood	-18.83806	Durbin-Watson stat		2.821500

模拟系数符合设定的要求，且模拟效果较好（调整 $R^2>0.7$），可以直接采取其作为生产函数，其模拟如附图 3-8 所示。

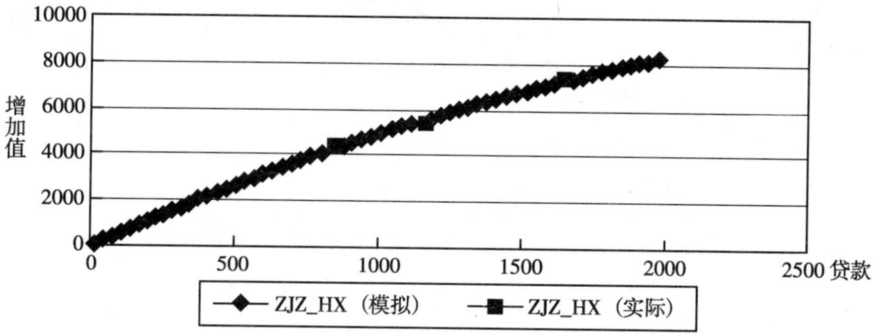

附图 3-8 化学原料及化学制品制造业模拟生产函数曲线与实际值

9. 塑料制品业

首先进行二次生产函数模拟，得到：

ZJZ_SL=-5.162796869*DK_SL+0.1154607083*DK_SL^2

系数不满足边际产出递减规律，主观延长数据区间模拟三次生产函数得到：

ZJZ_SL=3.345037787*DK_SL+0.1019354872*DK_SL^2-0.0002690549702*DK_SL^3

其计量输出结果为：

附表 3-9

	Coefficient	Std. Error	t-Statistic	Prob.
C（1）	3.345038	5.366579	0.623309	0.5669
C（2）	0.101935	0.053271	1.913509	0.1282
C（3）	-0.000269	0.000122	-2.198376	0.0928
R-squared	0.950033	Mean dependent var		2068.296
Adjusted R-squared	0.925050	S.D. dependent var		783.7632
S.E. of regression	214.5714	Akaike info criterion		13.87269
Sum squared resid	184163.5	Schwarz criterion		13.84951
Log likelihood	-45.55441	Durbin-Watson stat		1.956711

模拟系数符合设定的要求，且模拟效果较好（调整 $R^2>0.7$），可以直接采取其作为生产函数，其模拟如附图 3-9 所示。

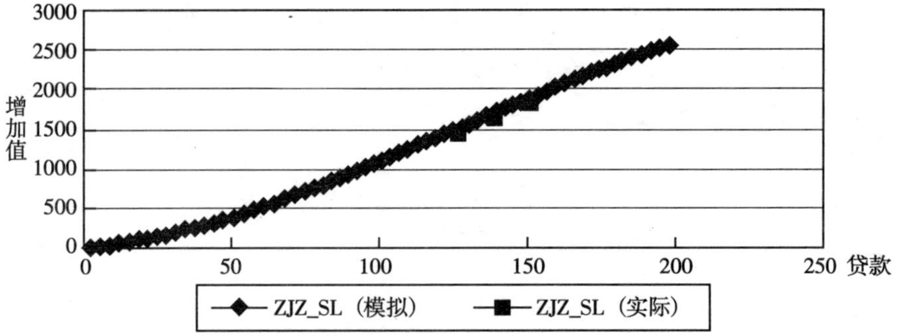

附图 3-9　塑料制品业模拟生产函数曲线与实际值

10. 非金属矿物制品业

首先进行二次生产函数模拟，得到：

ZJZ_FJ=7.054508399*DK_FJ-0.000855745026*DK_FJ^2

其计量输出结果为：

附表 3-10

	Coefficient	Std. Error	t-Statistic	Prob.
C（1）	7.054508	0.020870	338.0286	0.0019
C（2）	-0.000856	3.18E-05	-26.88185	0.0237
R-squared	0.999991	Mean dependent var		3771.103
Adjusted R-squared	0.999982	S.D. dependent var		1025.474
S.E. of regression	4.342732	Akaike info criterion		6.009605
Sum squared resid	18.85932	Schwarz criterion		5.408680
Log likelihood	-7.014408	Durbin-Watson stat		2.851456

模拟系数符合设定的要求，且模拟效果较好（调整 $R^2>0.7$），可以直接采取其作为生产函数，其模拟如附图 3-10 所示。

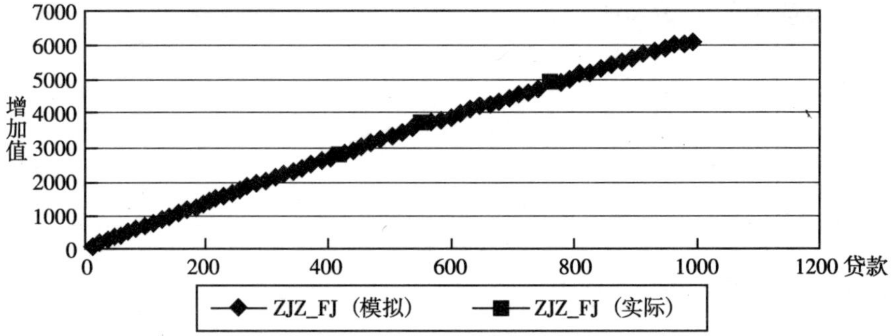

附图 3-10　非金属矿物制品业模拟生产函数曲线与实际值

11. 黑色金属冶炼及压延加工业

首先进行二次生产函数模拟，得到：

ZJZ_HJ=8.291395775*DK_HJ–0.001913920128*DK_HJ^2

其计量输出结果为：

附表 3–11

	Coefficient	Std. Error	t-Statistic	Prob.
C（1）	8.291396	0.590096	14.05092	0.0452
C（2）	–0.001914	0.000330	–5.799028	0.1087
R-squared	0.971861	Mean dependent var		7262.830
Adjusted R-squared	0.943722	S.D. dependent var		1630.547
S.E. of regression	386.8133	Akaike info criterion		14.98848
Sum squared resid	149624.5	Schwarz criterion		14.38756
Log likelihood	–20.48272	Durbin-Watson stat		2.661057

模拟系数符合设定的要求，且模拟效果较好（调整 $R^2>0.7$），可以直接采取其作为生产函数，其模拟如附图 3–11 所示。

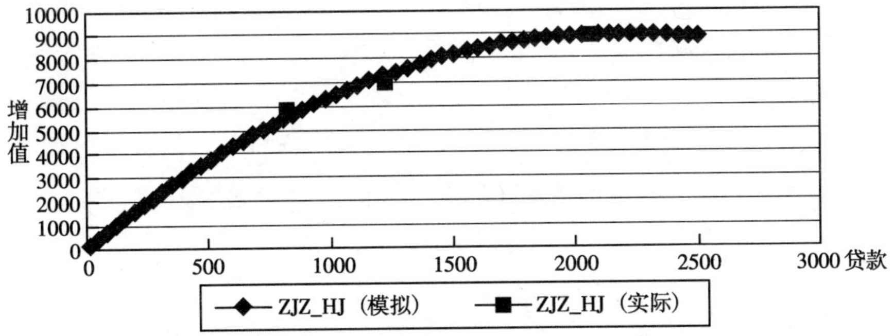

附图 3–11　黑色金属冶炼及压延加工业模拟生产函数曲线与实际值

12. 有色金属冶炼及压延加工业

首先进行二次生产函数模拟，得到：

ZJZ_YS=3.605073499*DK_YS+0.005057603389*DK_YS^2

系数不满足边际产出递减规律，主观延长数据区间模拟三次生产函数得到：

ZJZ_YS=1.224327835*DK_YS+0.01652928729*DK_YS^2–1.234163132e–05*DK_YS^3

其计量输出结果为：

附表 3-12

	Coefficient	Std. Error	t-Statistic	Prob.
C(1)	1.224328	1.591130	0.769471	0.4845
C(2)	0.016529	0.004609	3.586017	0.0230
C(3)	-1.23E-05	3.18E-06	-3.878998	0.0179
R-squared	0.987875	Mean dependent var		3786.466
Adjusted R-squared	0.981812	S.D. dependent var		1781.782
S.E. of regression	240.2960	Akaike info criterion		14.09915
Sum squared resid	230968.6	Schwarz criterion		14.07597
Log likelihood	-46.34701	Durbin-Watson stat		3.121229

模拟系数符合设定的要求，且模拟效果较好（调整 $R^2>0.7$），可以直接采取其作为生产函数，其模拟如附图 3-12 所示。

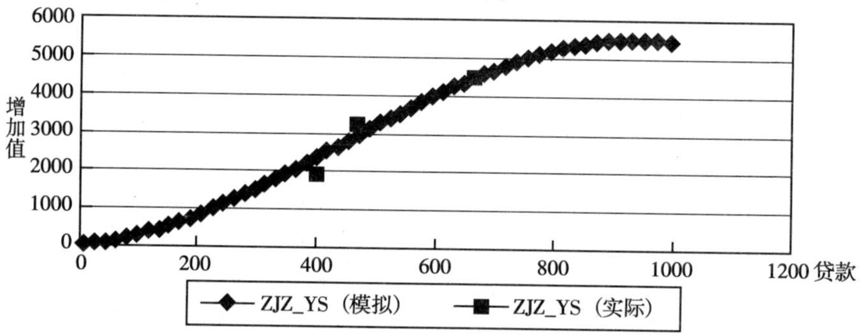

附图 3-12　有色金属冶炼及压延加工业模拟生产函数曲线与实际值

13. 专用设备制造业

首先进行二次生产函数模拟，得到：

ZJZ_ZY=7.705681335*DK_ZY-0.001242511417*DK_ZY^2

其计量输出结果为：

附表 3-13

	Coefficient	Std. Error	t-Statistic	Prob.
C(1)	7.705681	2.618537	2.942743	0.2085
C(2)	-0.001243	0.007101	-0.174989	0.8897
R-squared	0.889416	Mean dependent var		2348.423
Adjusted R-squared	0.778832	S.D. dependent var		694.3660
S.E. of regression	326.5501	Akaike info criterion		14.64976
Sum squared resid	106635.0	Schwarz criterion		14.04884
Log likelihood	-19.97465	Durbin-Watson stat		2.606880

模拟系数符合设定的要求，且模拟效果较好（调整 $R^2>0.7$），可以直接采取其作为生产函数，其模拟如附图 3-13 所示。

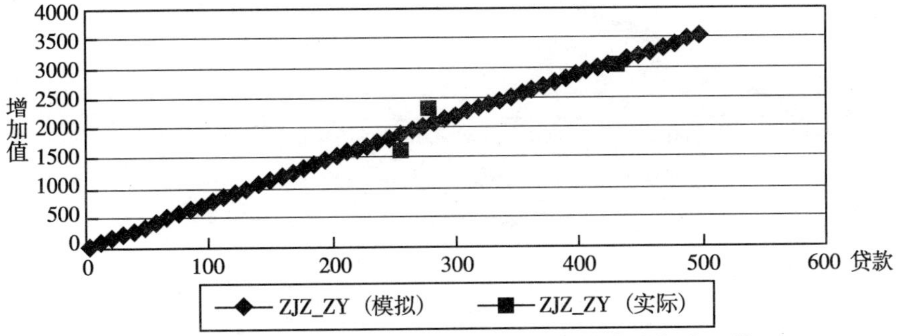

附图 3-13 专用设备制造业模拟生产函数曲线与实际值

14. 电气机械及器材制造业

首先进行二次生产函数模拟，得到：

ZJZ_DQ=27.63927669*DK_DQ-0.02433810677*DK_DQ^2

其计量输出结果为：

附表 3-14

	Coefficient	Std. Error	t-Statistic	Prob.
C（1）	27.63928	3.511040	7.872106	0.0804
C（2）	-0.024338	0.013684	-1.778609	0.3261
R-squared	0.966785	Mean dependent var		4748.623
Adjusted R-squared	0.933570	S.D. dependent var		1244.978
S.E. of regression	320.8813	Akaike info criterion		14.61474
Sum squared resid	102964.8	Schwarz criterion		14.01382
Log likelihood	-19.92211	Durbin-Watson stat		2.668733

模拟系数符合设定的要求，且模拟效果较好（调整 $R^2>0.7$），可以直接采取其作为生产函数，其模拟如附图 3-14 所示。

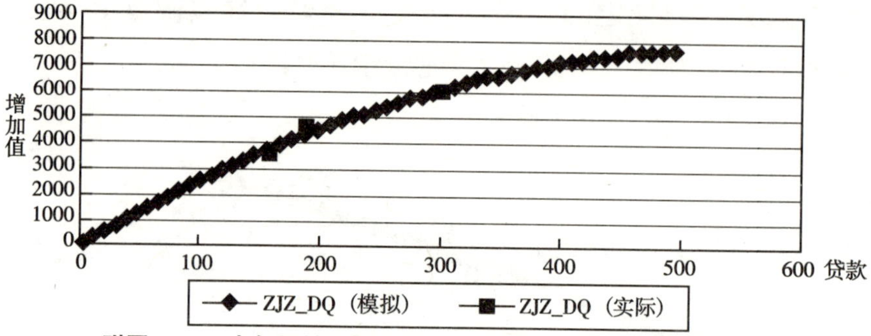

附图 3-14　电气机械及器材制造业模拟生产函数曲线与实际值

15. 通信设备、计算机及其他电子设备

首先进行二次生产函数模拟，得到：

ZJZ_TX=9.283217206*DK_TX-0.0003613378134*DK_TX^2

其计量输出结果为：

附表 3-15

	Coefficient	Std. Error	t-Statistic	Prob.
C（1）	9.283217	2.004592	4.630977	0.1354
C（2）	-0.000361	0.002506	-0.144176	0.9088
R-squared	0.955256	Mean dependent var		6910.327
Adjusted R-squared	0.910512	S.D. dependent var		1111.489
S.E. of regression	332.4978	Akaike info criterion		14.68586
Sum squared resid	110554.8	Schwarz criterion		14.08494
Log likelihood	-20.02880	Durbin-Watson stat		2.943912

模拟系数符合设定的要求，且模拟效果较好（调整 $R^2>0.7$），可以直接采取其作为生产函数，其模拟如附图 3-15 所示。

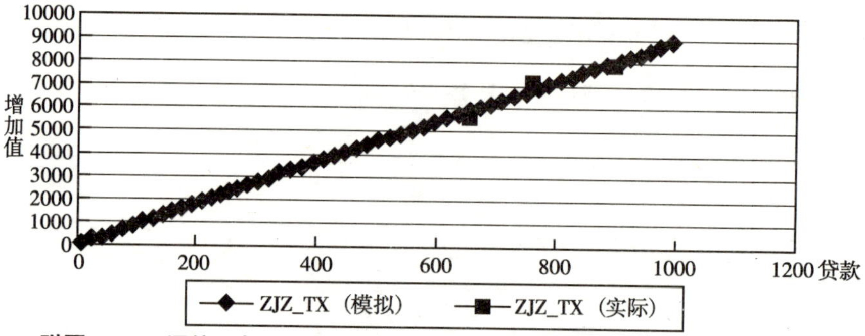

附图 3-15　通信设备、计算机及其他电子设备模拟生产函数曲线与实际值

附录四　商业银行评价体系①

附表 4-1

<table>
<tr><th>指标大类</th><th>指标性质</th><th>指标细目</th><th>评价标准</th><th>备注</th></tr>
<tr><td rowspan="15">一、股份制商业银行资本充足状况评价标准</td><td rowspan="10">定量指标（60 分）</td><td rowspan="5">资本充足率（30 分）</td><td>10%以上：30 分</td><td rowspan="10">资本充足率与计算方法根据监管部门的文件计算，参考《巴塞尔协议》的相关内容</td></tr>
<tr><td>8%~10%：25~30 分</td></tr>
<tr><td>6%~8%：14~25 分</td></tr>
<tr><td>2%~6%：0~14 分</td></tr>
<tr><td>2%以下：0 分</td></tr>
<tr><td rowspan="5">核心资本充足率</td><td>6%以上：30 分</td></tr>
<tr><td>4%~6%：25~30 分</td></tr>
<tr><td>2%~4%：10~25 分</td></tr>
<tr><td>1%~2%：0~10 分</td></tr>
<tr><td>1%以下：0 分</td></tr>
<tr><td rowspan="5">定性因素（40 分）</td><td colspan="3">银行资本的构成和质量（6 分）</td></tr>
<tr><td colspan="3">银行整体财务状况及对资本的影响（8 分）</td></tr>
<tr><td colspan="3">资产质量及对资本的影响（8 分）</td></tr>
<tr><td colspan="3">银行进入资本市场或通过其他渠道增加资本的能力，包括控股股东提供支持的意愿和实际注入资本的情况（8 分）</td></tr>
<tr><td colspan="3">银行对资本的管理情况（10 分）</td></tr>
<tr><td rowspan="11">二、股份制商业银行资产安全状况评价标准</td><td rowspan="11">定量指标（60 分）</td><td rowspan="5">不良贷款率（15 分）</td><td>5%以下：15 分</td><td rowspan="5">不良贷款率=（次级类贷款+可疑类贷款+损失类贷款）/贷款余额。有关次级类贷款、可疑类贷款、损失类贷款的概念见中国人民银行银发〔2001〕416 号文</td></tr>
<tr><td>5%~10%：12~15 分</td></tr>
<tr><td>10%~15%：6~12 分</td></tr>
<tr><td>15%~25%：0~6 分</td></tr>
<tr><td>25%以上：0 分</td></tr>
<tr><td rowspan="6">估计贷款损失率（10 分）</td><td>3%以下：10 分</td><td rowspan="6">估计贷款损失率=（正常类贷款×1%+关注类贷款×2%+次级类贷款×20%+可疑类贷款×40%+损失类贷款×100%）/贷款余额</td></tr>
<tr><td>3%~6%：8~10 分</td></tr>
<tr><td>6%~9%：6~8 分</td></tr>
<tr><td>9%~12%：4~6 分</td></tr>
<tr><td>12%~15%：0~4 分</td></tr>
<tr><td>15%以上：0 分</td></tr>
</table>

① 本表主要参考中国银行业监督管理委员会发布的《股份制商业银行风险评级体系（暂行）》、《商业银行监管评级内部指引（试行）》的相关规定。

续表

<table>
<tr><th>指标大类</th><th>指标性质</th><th>指标细目</th><th>评价标准</th><th>备注</th></tr>
<tr><td rowspan="28">二、股份制商业银行资产安全状况评价标准</td><td rowspan="22">定量指标（60分）</td><td rowspan="12">最大单一客户、集团客户授信比率（10分）</td><td>6%以下：10分</td><td rowspan="6">最大单一客户授信比率
最大单一客户、集团客户授信比率评分时取两项得分中较低一项分值</td></tr>
<tr><td>6%~10%：8~10分</td></tr>
<tr><td>10%~12%：6~8分</td></tr>
<tr><td>12%~14%：4~6分</td></tr>
<tr><td>14%~16%：0~4分</td></tr>
<tr><td>16%以上：0分</td></tr>
<tr><td>15%以下：10分</td><td rowspan="6">集团客户授信比率
集团客户的概念和集团客户授信比率的计算方法见监管部门制发的《商业银行集团客户授信业务风险管理指引》第12条</td></tr>
<tr><td>15%~25%：8~10分</td></tr>
<tr><td>25%~35%：6~8分</td></tr>
<tr><td>35%~45%：4~6分</td></tr>
<tr><td>45%~55%：0~4分</td></tr>
<tr><td>55%以上：0分</td></tr>
<tr><td rowspan="5">拨备覆盖率（20分）</td><td>100%以上：20分</td><td rowspan="5">拨备覆盖率=（一般准备+专项准备+特种准备）/（次级类贷款+可疑类贷款+损失类贷款）
有关一般准备、专项准备和特种准备的概念见中国人民银行银发〔2002〕98号文</td></tr>
<tr><td>70%~100%：14~20分</td></tr>
<tr><td>40%~70%：8~14分</td></tr>
<tr><td>15%~40%：0~8分</td></tr>
<tr><td>15%以下：0分</td></tr>
<tr><td rowspan="5">非信贷资产损失率（5分）</td><td>2%以下：5分</td><td rowspan="5">非信贷资产损失率=非信贷资产损失额/非信贷资产余额</td></tr>
<tr><td>2%~4%：4~5分</td></tr>
<tr><td>4%~8%：2~4分</td></tr>
<tr><td>8%~10%：0~2分</td></tr>
<tr><td>10%以上：0分</td></tr>
<tr><td rowspan="6">定性因素（40分）</td><td colspan="3">不良贷款和其他不良资产的变动趋势及其对银行整体资产安全状况的影响（5分）</td></tr>
<tr><td colspan="3">贷款行业集中度以及对银行资产安全状况的影响（5分）</td></tr>
<tr><td colspan="3">信贷风险管理的程序及有效性，是否建立完善的信贷决策程序和制度，包括贷款“三查”制度，风险管理制度和措施能否有效遏制不良贷款的发生（10分）</td></tr>
<tr><td colspan="3">贷款风险分类制度的健全性和有效性（10分）</td></tr>
<tr><td colspan="3">保证贷款和抵（质）押贷款及其管理状况（5分）</td></tr>
<tr><td colspan="3">非信贷资产风险管理状况（5分）</td></tr>
<tr><td rowspan="10">三、股份制商业银行管理状况评价标准</td><td colspan="2" rowspan="5">银行公司治理状况，公司治理的合理性和有效性（50分）</td><td colspan="2">银行公司治理的基本结构（10分）</td></tr>
<tr><td colspan="2">银行公司治理的决策机制（10分）</td></tr>
<tr><td colspan="2">银行公司治理的执行机制（10分）</td></tr>
<tr><td colspan="2">银行公司治理的监督机制（10分）</td></tr>
<tr><td colspan="2">银行公司治理的激励约束机制及问责机制（10分）</td></tr>
<tr><td colspan="2" rowspan="5">内部控制状况（50分）</td><td colspan="2">内部控制环境与内部控制文化（10分）</td></tr>
<tr><td colspan="2">风险识别与评估（10分）</td></tr>
<tr><td colspan="2">控制行为与职责分工（10分）</td></tr>
<tr><td colspan="2">信息交流与沟通（10分）</td></tr>
<tr><td colspan="2">监督与纠正（10分）</td></tr>
</table>

续表

指标大类	指标性质	指标细目	评价标准	备注
四、股份制商业银行盈利状况评价标准	定量指标（60分）	资产利润率（15分）	1%以上：15分	资产利润率的概念与计算方法见监管机构颁布的相关文件。利润的计算是根据财政部《金融企业呆账准备提取及呆账核销管理办法》和人民银行《银行贷款损失准备计提指引》的有关规定，以银行足额提取了当年各类贷款损失的准备金为前提条件的
			0.75%~1%：12~15分	
			0.5%~0.75%：9~12分	
			0.25%~0.5%：6~9分	
			0%~0.25%：0~6分	
			0%以下：0分	
		资本利润率（15分）	20%以上：15分	资本利润率的概念与计算方法见监管机构颁布的相关文件。利润的计算是根据财政部《金融企业呆账准备提取及呆账核销管理办法》和人民银行《银行贷款损失准备计提指引》的有关规定，以银行足额提取了当年各类贷款损失的准备金为前提条件的
			15%~20%：12~15分	
			10%~15%：9~12分	
			5%~10%：6~9分	
			0%~5%：0~6分	
			0%以下：0分	
		利息回收率（15分）	95%以上：15分	
			85%~95%：12~15分	
			75%~85%：9~12分	
			65%~75%：6~9分	
			55%~65%：0~6分	
			55%以下：0分	
		资产费用率（15分）	0.75%以下：15分	资产费用率=营业费用/资产总额。营业费用的概念见《金融企业会计制度》
			0.75%~1%：12~15分	
			1%~1.25%：9~12分	
			1.25%~1.5%：6~9分	
			1.5%~1.75%：3~6分	
			1.75%~2%：0~3分	
			2%以上：0分	
	定性因素（40分）	银行的成本费用和收入状况以及赢利水平和趋势（15分）		
		银行赢利的质量，以及银行赢利对业务发展与资产损失准备提取的影响（15分）		
		财务预决算体系，财务管理的健全性和有效性（10分）		
五、股份制商业银行流动性状况评价标准	定量指标（60分）	流动性比率（20分）	35%以上：20分	流动性比率的概念与计算方法见监管机构制发的相关文件
			25%~35%：16~20分	
			15%~25%：12~16分	
			10%~15%：0~12分	
			10%以下：0	
		人民币超额准备金比率（10分）	5%以上：10分	人民币超额准备金是指扣除法定存款准备金后的人民币准备金
			4%~5%：6~10分	
			3%~4%：2~6分	
			2%~3%：0~2分	
			2%以下：0分	

续表

<table>
<tr><th>指标大类</th><th>指标性质</th><th>指标细目</th><th>评价标准</th><th>备注</th></tr>
<tr><td rowspan="25">五、股份制商业银行流动性状况评价标准</td><td rowspan="20">定量指标（60分）</td><td rowspan="5">外币备付金率（5分）</td><td>5%以上：5分</td><td rowspan="5">外币备付金率的概念与计算方法见监管机构制发的相关文件</td></tr>
<tr><td>4%~5%：3~5分</td></tr>
<tr><td>3%~4%：1~3分</td></tr>
<tr><td>2%~3%：0~1分</td></tr>
<tr><td>2%以下：0分</td></tr>
<tr><td rowspan="5">（人民币、外币合并）存贷款比例（10分）</td><td>65%以下：10分</td><td rowspan="5">存贷款比例的概念与计算方法见监管机构制发的相关文件</td></tr>
<tr><td>65%~70%：7~10分</td></tr>
<tr><td>70%~75%：4~7分</td></tr>
<tr><td>75%~90%：0~4分</td></tr>
<tr><td>90%以上：0分</td></tr>
<tr><td rowspan="5">外币存贷款比例（5分）</td><td>70%以下：5分</td><td rowspan="5">外币存贷款比例的概念与计算方法见监管机构制发的相关文件</td></tr>
<tr><td>70%~80%：3~5分</td></tr>
<tr><td>80%~90%：1~3分</td></tr>
<tr><td>90%~100%：0~1分</td></tr>
<tr><td>100%以上：0分</td></tr>
<tr><td rowspan="5">净拆借资金比率（10分）</td><td>4%以下：10分</td><td rowspan="5">净拆借资金比率=拆入资金比例—拆出资金比例；拆入资金比例和拆出资金比例的计算方法见监管机构制发的相关文件</td></tr>
<tr><td>0%~4%：8~10分</td></tr>
<tr><td>1%~0%：6~8分</td></tr>
<tr><td>3%~1%：0~6分</td></tr>
<tr><td>3%以上：0分</td></tr>
<tr><td rowspan="5">定性因素（40分）</td><td colspan="3">资金来源的构成、变化趋势和稳定性（5分）</td></tr>
<tr><td colspan="3">资产负债管理政策和资金的调配情况（5分）</td></tr>
<tr><td colspan="3">银行对流动性的管理情况（20分）</td></tr>
<tr><td colspan="3">银行以主动负债形式满足流动性需求的能力（5分）</td></tr>
<tr><td colspan="3">管理层有效识别、监测和调控银行头寸的能力（5分）</td></tr>
<tr><td>六、股份制商业银行市场风险评价</td><td colspan="4">市场风险，指由于利率或价格发生变化而对金融机构财务状况产生的不利影响。市场风险主要包括利率风险、外汇风险、股本风险和商品风险。
在评估市场风险时，监管人员应主要考虑以下因素：
（一）金融机构营利性或资产价值对利率、汇率、商品价格或产权价反向变动的敏感程度；
（二）银行董事会和高级管理层识别、衡量、监督和控制市场风险敞口的能力；
（三）源自非交易性头寸利率风险敞口的性质和复杂程度；
（四）源自交易性和境外业务市场风险敞口的性质和复杂程度。
根据我国银行业现状，暂不对市场风险进行评级，但可以考察银行资产价值与盈利水平受利率政策与外汇价格变化的影响，作为评价营利性和资产质量的参考</td></tr>
<tr><td rowspan="2">七、银行评级</td><td>（一）单项运作要素的评价</td><td colspan="3">对银行运作要素的评价标准为：评分85分以上为1级，评分75~85分为2级，评分60~75分为3级，评分50~60分为4级，评分50分以下为5级</td></tr>
<tr><td>（二）综合评分标准</td><td colspan="3">综合评级采用加权汇总评分法，即各要素评价分值乘以相应权重后进行相加，其总和为综合评分。各要素的权重分别为：资本充足状况20%，资产安全状况20%，管理状况25%，赢利状况20%，流动性状况15%。暂不对市场风险因素进行量化评分。在取得各要素的评分后，将各要素评价分值乘以相应权重后进行相加，其总和为综合评分</td></tr>
</table>

续表

指标大类	指标性质	指标细目	评价标准	备注
七、银行评级	（三）综合评级等次	根据股份制商业银行的综合评分，对应取得股份制商业银行的综合评级等次。股份制商业银行的综合评级分为五级： 1 级——良好：综合评分在 85 分以上 2 级——一般：综合评分在 75~85 分 3 级——关注：综合评分在 60~75 分 4 级——欠佳：综合评分在 50~60 分 5 级——差：综合评分在 50 分以下		
	（四）评级体系中应注意的问题	1. 评级的周期： 评级周期为一年，即监管人员每年应对股份制商业银行进行一次年度评级。监管人员应在年度结束后 4 个月内根据银行上一年度情况完成对银行的评级。 2. 评级结果的披露： 评级结果由监管部门向有关部门通报，暂不向公众披露。何时须对外披露由监管部门决定		

附录五　金融业与其他 11 个主要行业的效率评价结果

1. 金融业综合评价排名得分：4.232

附表 5–1

行业	一级指标	二级指标	三级指标	四级指标	排名	单项排名	大类排名	总排名
金融业	物质资本效率（权重分配 80%）	净资产收益指标（20%）	净资产收益率	均值（80%）	1	2.8	4.04	4.232
				变异系数（20%）	10			
		总资产收益指标（20%）	总资产报酬率（50%）	均值（80%）	12	12		
				变异系数（20%）	12			
			总资产利税率（50%）	均值（80%）	12			
				变异系数（20%）	12			
		费用利润指标（20%）	成本费用率	均值（80%）	5	6		
				变异系数（20%）	10			
		资金利润指标（20%）	资金利润率	均值（80%）	11	11		
				变异系数（20%）	11			
		资本增值指标（20%）	资本保值增值率	均值（80%）	1	3.2		
				变异系数（20%）	12			
	人力资本效率（权证分配 20%）	劳动创造价值指标	劳动生产率	均值（80%）	2	4	4	
				变异系数（20%）	12			

2. 农林牧渔业评价排名得分：10.44

附表 5-2

行业	一级指标	二级指标	三级指标	四级指标	排名	单项排名	大类排名	总排名
农林牧渔业	物质资本效率（权重分配 80%）	净资产收益指标（20%）	净资产收益率	均值（80%）	11	10.6	10.6	10.44
				变异系数（20%）	9			
		总资产收益指标（20%）	总资产报酬率（50%）	均值（80%）	11	10		
				变异系数（20%）	7			
			总资产利税率（50%）	均值（80%）	10			
				变异系数（20%）	9			
		费用利润指标（20%）	成本费用率	均值（80%）	12	11.4		
				变异系数（20%）	9			
		资金利润指标（20%）	资金利润率	均值（80%）	12	11.2		
				变异系数（20%）	8			
		资本增值指标（20%）	资本保值增值率	均值（80%）	10	9.8		
				变异系数（20%）	9			
	人力资本效率（权证分配 20%）	劳动创造价值指标	劳动生产率	均值（80%）	12	9.8	9.8	
				变异系数（20%）	1			

3. 采矿业评价排名得分：3.72

附表 5-3

行业	一级指标	二级指标	三级指标	四级指标	排名	单项排名	大类排名	总排名
采矿业	物质资本效率（权重分配 80%）	净资产收益指标（20%）	净资产收益率	均值（80%）	2	2	2.5	3.72
				变异系数（20%）	2			
		总资产收益指标（20%）	总资产报酬率（50%）	均值（80%）	1	1.3		
				变异系数（20%）	4			
			总资产利税率（50%）	均值（80%）	1			
				变异系数（20%）	1			
		费用利润指标（20%）	成本费用率	均值（80%）	2	2.8		
				变异系数（20%）	6			
		资金利润指标（20%）	资金利润率	均值（80%）	2	2.2		
				变异系数（20%）	3			
		资本增值指标（20%）	资本保值增值率	均值（80%）	5	4.2		
				变异系数（20%）	1			
	人力资本效率（权证分配 20%）	劳动创造价值指标	劳动生产率	均值（80%）	8	8.6	8.6	
				变异系数（20%）	11			

4. 制造业评价排名得分：5.616

附表 5-4

行业	一级指标	二级指标	三级指标	四级指标	排名	单项排名	大类排名	总排名
制造业	物质资本效率（权重分配 80%）	净资产收益指标（20%）	净资产收益率	均值（80%）	5	5.2	5.52	5.616
				变异系数（20%）	6			
		总资产收益指标（20%）	总资产报酬率（50%）	均值（80%）	3	4		
				变异系数（20%）	9			
			总资产利税率（50%）	均值（80%）	3			
				变异系数（20%）	7			
		费用利润指标（20%）	成本费用率	均值（80%）	8	7.8		
				变异系数（20%）	7			
		资金利润指标（20%）	资金利润率	均值（80%）	3	3.8		
				变异系数（20%）	7			
		资本增值指标（20%）	资本保值增值率	均值（80%）	7	6.8		
				变异系数（20%）	6			
	人力资本效率（权证分配 20%）	劳动创造价值指标	劳动生产率	均值（80%）	5	6	6	
				变异系数（20%）	10			

5. 电力、燃气及水的生产和供应业评价排名得分：8.696

附表 5-5

行业	一级指标	二级指标	三级指标	四级指标	排名	单项排名	大类排名	总排名
电力、燃气及水的生产和供应业	物质资本效率（权重分配 80%）	净资产收益指标（20%）	净资产收益率	均值（80%）	12	12	9.92	8.696
				变异系数（20%）	12			
		总资产收益指标（20%）	总资产报酬率（50%）	均值（80%）	8	8		
				变异系数（20%）	10			
			总资产利税率（50%）	均值（80%）	7			
				变异系数（20%）	10			
		费用利润指标（20%）	成本费用率	均值（80%）	9	9.6		
				变异系数（20%）	12			
		资金利润指标（20%）	资金利润率	均值（80%）	10	10.4		
				变异系数（20%）	12			
		资本增值指标（20%）	资本保值增值率	均值（80%）	11	9.6		
				变异系数（20%）	4			
	人力资本效率（权证分配 20%）	劳动创造价值指标	劳动生产率	均值（80%）	3	3.8	3.8	
				变异系数（20%）	7			

6. 建筑业评价排名得分：7.04

附表 5-6

行业	一级指标	二级指标	三级指标	四级指标	排名	单项排名	大类排名	总排名
建筑业	物质资本效率（权重分配 80%）	净资产收益指标（20%）	净资产收益率	均值（80%）	7	6	6.5	7.04
				变异系数（20%）	2			
		总资产收益指标（20%）	总资产报酬率（50%）	均值（80%）	9	5.5		
				变异系数（20%）	1			
			总资产利税率（50%）	均值（80%）	4			
				变异系数（20%）	2			
		费用利润指标（20%）	成本费用率	均值（80%）	11	9.4		
				变异系数（20%）	3			
		资金利润指标（20%）	资金利润率	均值（80%）	9	8		
				变异系数（20%）	4			
		资本增值指标（20%）	资本保值增值率	均值（80%）	2	3.6		
				变异系数（20%）	10			
	人力资本效率（权证分配 20%）	劳动创造价值指标	劳动生产率	均值（80%）	10	9.2	9.2	
				变异系数（20%）	6			

7. 交通运输业评价排名得分：8.68

附表 5-7

行业	一级指标	二级指标	三级指标	四级指标	排名	单项排名	大类排名	总排名
交通运输、仓储和邮政业	物质资本效率（权重分配 80%）	净资产收益指标（20%）	净资产收益率	均值（80%）	10	10.2	8.8	8.68
				变异系数（20%）	11			
		总资产收益指标（20%）	总资产报酬率（50%）	均值（80%）	10	10.6		
				变异系数（20%）	11			
			总资产利税率（50%）	均值（80%）	11			
				变异系数（20%）	11			
		费用利润指标（20%）	成本费用率	均值（80%）	7	7.8		
				变异系数（20%）	11			
		资金利润指标（20%）	资金利润率	均值（80%）	8	8.4		
				变异系数（20%）	10			
		资本增值指标（20%）	资本保值增值率	均值（80%）	8	7		
				变异系数（20%）	3			
	人力资本效率（权证分配 20%）	劳动创造价值指标	劳动生产率	均值（80%）	9	8.2	8.2	
				变异系数（20%）	5			

8. 信息传输、计算机服务和软件业评价排名得分：4.544

附表 5-8

行业	一级指标	二级指标	三级指标	四级指标	排名	单项排名	大类排名	总排名
信息传输、计算机服务和软件业	物质资本效率（权重分配 80%）	净资产收益指标（20%）	净资产收益率	均值（80%）	6	5	4.18	4.544
				变异系数（20%）	1			
		总资产收益指标（20%）	总资产报酬率（50%）	均值（80%）	2	2.3		
				变异系数（20%）	3			
			总资产利税率（50%）	均值（80%）	2			
				变异系数（20%）	4			
		费用利润指标（20%）	成本费用率	均值（80%）	1	1		
				变异系数（20%）	1			
		资金利润指标（20%）	资金利润率	均值（80%）	1	2.6		
				变异系数（20%）	9			
		资本增值指标（20%）	资本保值增值率	均值（80%）	12	10		
				变异系数（20%）	2			
	人力资本效率（权证分配 20%）	劳动创造价值指标	劳动生产率	均值（80%）	7	6	6	
				变异系数（20%）	2			

9. 批发和零售业评价排名得分：5.016

附表 5-9

行业	一级指标	二级指标	三级指标	四级指标	排名	单项排名	大类排名	总排名
批发和零售业	物质资本效率（权重分配 80%）	净资产收益指标（20%）	净资产收益率	均值（80%）	4	4.2	5.92	5.016
				变异系数（20%）	5			
		总资产收益指标（20%）	总资产报酬率（50%）	均值（80%）	4	4.8		
				变异系数（20%）	6			
			总资产利税率（50%）	均值（80%）	5			
				变异系数（20%）	6			
		费用利润指标（20%）	成本费用率	均值（80%）	10	9		
				变异系数（20%）	5			
		资金利润指标（20%）	资金利润率	均值（80%）	6	5.8		
				变异系数（20%）	5			
		资本增值指标（20%）	资本保值增值率	均值（80%）	6	5.8		
				变异系数（20%）	5			
	人力资本效率（权证分配 20%）	劳动创造价值指标	劳动生产率	均值（80%）	1	1.4	1.4	
				变异系数（20%）	3			

10. 住宿和餐饮业评价排名得分：7.536

附表 5–10

<table>
<tr><th>行业</th><th>一级指标</th><th>二级指标</th><th>三级指标</th><th>四级指标</th><th>排名</th><th>单项排名</th><th>大类排名</th><th>总排名</th></tr>
<tr><td rowspan="14">住宿和餐饮业</td><td rowspan="12">物质资本效率（权重分配 80%）</td><td rowspan="2">净资产收益指标（20%）</td><td rowspan="2">净资产收益率</td><td>均值（80%）</td><td>9</td><td rowspan="2">8.6</td><td rowspan="12">6.82</td><td rowspan="14">7.536</td></tr>
<tr><td>变异系数（20%）</td><td>7</td></tr>
<tr><td rowspan="4">总资产收益指标（20%）</td><td rowspan="2">总资产报酬率（50%）</td><td>均值（80%）</td><td>6</td><td rowspan="4">6.3</td></tr>
<tr><td>变异系数（20%）</td><td>4</td></tr>
<tr><td rowspan="2">总资产利税率（50%）</td><td>均值（80%）</td><td>8</td></tr>
<tr><td>变异系数（20%）</td><td>3</td></tr>
<tr><td rowspan="2">费用利润指标（20%）</td><td rowspan="2">成本费用率</td><td>均值（80%）</td><td>6</td><td rowspan="2">5.6</td></tr>
<tr><td>变异系数（20%）</td><td>4</td></tr>
<tr><td rowspan="2">资金利润指标（20%）</td><td rowspan="2">资金利润率</td><td>均值（80%）</td><td>5</td><td rowspan="2">4.2</td></tr>
<tr><td>变异系数（20%）</td><td>1</td></tr>
<tr><td rowspan="2">资本增值指标（20%）</td><td rowspan="2">资本保值增值率</td><td>均值（80%）</td><td>9</td><td rowspan="2">9.4</td></tr>
<tr><td>变异系数（20%）</td><td>11</td></tr>
<tr><td rowspan="2">人力资本效率（权证分配 20%）</td><td rowspan="2">劳动创造价值指标</td><td rowspan="2">劳动生产率</td><td>均值（80%）</td><td>11</td><td rowspan="2">10.4</td><td rowspan="2">10.4</td></tr>
<tr><td>变异系数（20%）</td><td>8</td></tr>
</table>

11. 房地产业评价排名得分：4.312

附表 5–11

<table>
<tr><th>行业</th><th>一级指标</th><th>二级指标</th><th>三级指标</th><th>四级指标</th><th>排名</th><th>单项排名</th><th>大类排名</th><th>总排名</th></tr>
<tr><td rowspan="14">房地产业</td><td rowspan="12">物质资本效率（权重分配 80%）</td><td rowspan="2">净资产收益指标（20%）</td><td rowspan="2">净资产收益率</td><td>均值（80%）</td><td>3</td><td rowspan="2">2.8</td><td rowspan="12">4.14</td><td rowspan="14">4.312</td></tr>
<tr><td>变异系数（20%）</td><td>2</td></tr>
<tr><td rowspan="4">总资产收益指标（20%）</td><td rowspan="2">总资产报酬率（50%）</td><td>均值（80%）</td><td>5</td><td rowspan="4">5.1</td></tr>
<tr><td>变异系数（20%）</td><td>2</td></tr>
<tr><td rowspan="2">总资产利税率（50%）</td><td>均值（80%）</td><td>6</td></tr>
<tr><td>变异系数（20%）</td><td>5</td></tr>
<tr><td rowspan="2">费用利润指标（20%）</td><td rowspan="2">成本费用率</td><td>均值（80%）</td><td>3</td><td rowspan="2">2.8</td></tr>
<tr><td>变异系数（20%）</td><td>2</td></tr>
<tr><td rowspan="2">资金利润指标（20%）</td><td rowspan="2">资金利润率</td><td>均值（80%）</td><td>7</td><td rowspan="2">6</td></tr>
<tr><td>变异系数（20%）</td><td>2</td></tr>
<tr><td rowspan="2">资本增值指标（20%）</td><td rowspan="2">资本保值增值率</td><td>均值（80%）</td><td>3</td><td rowspan="2">4</td></tr>
<tr><td>变异系数（20%）</td><td>8</td></tr>
<tr><td rowspan="2">人力资本效率（权证分配 20%）</td><td rowspan="2">劳动创造价值指标</td><td rowspan="2">劳动生产率</td><td>均值（80%）</td><td>4</td><td rowspan="2">5</td><td rowspan="2">5</td></tr>
<tr><td>变异系数（20%）</td><td>9</td></tr>
</table>

12. 其他行业评价排名得分：5.888

附表 5-12

行业	一级指标	二级指标	三级指标	四级指标	排名	单项排名	大类排名	总排名
其他	物质资本效率（权重分配 80%）	净资产收益指标（20%）	净资产收益率	均值（80%）	8	8	5.96	5.888
				变异系数（20%）	8			
		总资产收益指标（20%）	总资产报酬率（50%）	均值（80%）	7	8		
				变异系数（20%）	8			
			总资产利税率（50%）	均值（80%）	9			
				变异系数（20%）	8			
		费用利润指标（20%）	成本费用率	均值（80%）	4	4.8		
				变异系数（20%）	8			
		资金利润指标（20%）	资金利润率	均值（80%）	4	4.4		
				变异系数（20%）	6			
		资本增值指标（20%）	资本保值增值率	均值（80%）	4	4.6		
				变异系数（20%）	7			
	人力资本效率（权证分配 20%）	劳动创造价值指标	劳动生产率	均值（80%）	6	5.6	5.6	
				变异系数（20%）	4			

附录六　我国主要金融行业与工业的经营效益比较

——一个补充说明

在正文的分析中，主要选取了各行业代表性的企业集团的数据进行分析，样本范围相对有限。本附录将近年来我国主要金融行业的效率与工业行业的效率进行简单比较，主要对比分析净资产收益率与总资产收益率两项指标。

一、数据来源说明

工业企业的主要数据来源于 2008~2009 年《中国统计年鉴》中的数据。银行、证券、保险、财务公司等几类主要的金融行业数据根据

2008~2009 年《中国金融年鉴》中的数据进行整理。其中银行业数据根据工、农、中、建、交五大商业银行的报表数据进行整理；保险公司根据中国人民财产保险股份有限公司、中国人寿保险（集团）公司、中国太平洋保险（集团）股份有限公司、中国平安保险集团股份有限公司、华泰财产保险股份有限公司、泰康人寿保险股份有限公司六大保险公司报表数据进行整理；财务公司及证券公司根据《中国金融年鉴》汇总数据。工业、银行业、保险业、财务公司提供了 2007 年及 2008 年的数据，证券公司仅有 2008 年数据。

二、主要金融行业与工业的净资产收益情况比较

从净资产收益率来看，银行业在 2007 年、2008 年的净资产收益率远高于其他行业（包括工业），特别是 2007 年，高达 52%的净资产收益率与该年主要金融业企业集团 257%的资本保值增值率相符合。

三、主要金融行业与工业的总资产收益情况比较

由于高杠杆经营的特点，金融业各主要行业的总资产收益率要大大低于工业企业。

附表 6-1　主要金融行业与工业的净资产收益情况比较

行　业	所有者权益	利润总额	净资产收益率（%）	备　注
银行业 2007 年（亿元）	7565.87	3944.8	52.13941027	工、农、中、建、交五大行汇总数据
银行业 2008 年（亿元）	19651.85	4497.36	22.88517366	
保险业 2007 年（百万元）	333204.75	22672.24	6.804296757	六大保险公司汇总数据
保险业 2008 年（百万元）	205648.41	3817.36	1.856255538	
证券业 2008 年（亿元、百万元）	3584.83	597.02	16.65406728	《中国金融年鉴》汇总数据
财务公司 2007 年（亿元）	1118.51	278.2	24.87237486	《中国金融年鉴》汇总数据
财务公司 2008 年（亿元）	1190.42	213.51	17.93568656	《中国金融年鉴》汇总数据
工业企业 2007 年（亿元）	149876.15	27155.18	18.1184131	《中国统计年鉴》汇总数据
工业企业 2008 年（亿元）	182353.38	30562.37	16.75996902	《中国统计年鉴》汇总数据

附表 6-2 主要金融行业与工业的总资产收益情况比较

行　业	总资产	利润总额	总资产利润率
银行业 2007 年（亿元）	278998.53	3944.8	1.41391426
银行业 2008 年（亿元）	332725.45	4497.36	1.351672978
保险业 2007 年（百万元）	2454235.8	22672.24	0.923800394
保险业 2008 年（百万元）	2682830.3	3817.36	0.142288538
证券业 2008 年（亿元、百万元）	11912.23	597.02	5.011823983
财务公司 2007 年（亿元）	10399.37	278.2	2.675162053
财务公司 2008 年（亿元）	12486.8	213.51	1.709885639
工业企业 2007 年（亿元）	353037.37	27155.18	7.69187126
工业企业 2008 年（亿元）	431305.55	30562.37	7.086013616

附录七 货币政策在管理通胀预期中的局限及应对分析

经典的货币学派将通货膨胀视为一种纯粹的货币现象，并将紧缩性货币政策奉为治理通胀的圭臬；即使从其他主要经济学流派的观点来看，治理通货膨胀的主要手段即为货币政策。管理通胀预期作为治理通货膨胀的重要渠道，理所当然，也应该主要从货币政策视角出发，包括通胀定标、附加预期的泰勒规则、央行信息披露指数、货币政策可信性效应、利率平滑操作等方法都是管理通胀预期的重要货币政策手段。但是，由于现代经济运行的复杂性，单纯依靠货币政策可能效果有限。特别是在中国这样的新兴市场经济国家，经济及体制的特殊性需要宏观调控部门在货币政策手段之外，灵活运用各种非货币政策工具，使用政策组合拳治理通胀及管理通胀预期。

一、货币政策在管理通胀预期中受到我国国情、体制及当前经济运行特征的制约

1. 货币政策职能受到国情的制约

一是受到经济增长压力的制约。我国作为发展中国家，必要的较高速度的经济增长是解决改革发展中一系列根本问题的基础性条件。因此，货币政策作为国家经济政策的一部分，必然要服务于经济增长的大局。例如，为应对国际金融危机的冲击，宏观调控采取了积极的财政政策和适度宽松的货币政策的“双松”组合，并且这种扩张性政策的力度显著大于1997年亚洲金融危机后的政策组合。经济回升基础的不牢固以及为防止经济的二次探底，中央银行对货币政策的表述长时间为“坚持适度宽松的货币政策”，显然这种措辞无法对于已经形成的通货膨胀预期产生扭转性的影响。

二是受到经济增长模式的制约。在渐进改革及市场化过程中，近年来，我国居民劳动所得在全部要素收入中的占比呈现逐年下降趋势，导致居民收入增长水平低于宏观经济增长水平。同时受制于住房、教育、医疗保障等方面的影响，居民消费需求明显不足，经济增长过度依赖投资和出口。一方面，投资需求往往波动较大，经常性的经济过热主要是投资过热造成，严重冲击了货币政策为稳定物价所作的努力；另一方面，在内需不足的情况下，企业生产转向海外市场，同时银行为出口提供大量信贷，出口进一步被推动，国际收支中的失衡进一步扩大，大量外汇占款大规模增加国内流动性，严重削弱了为抑制通胀采取的紧缩性货币政策效应。

三是受经济结构及其转型过程的制约。一方面，落后的农村部门与发达的城市部门长期并存的二元经济结构，容易引发结构性通胀（如特定时期特定农产品的供给不足造成的结构性价格变化）。而对于总量调控为主的货币政策而言，结构性问题的治理效力必然受到制约。另一方面，由于中国正处于经济体制转型时期，市场价格维稳难度大，

潜在通胀压力大，存在发生恶性通胀的风险。

2. 货币政策职能受到体制及其他一些具体经济管理模式的制约

一是从政府组成体制来看，中国人民银行属于国务院组成部门，其独立性相对有限，很难实施单纯以追求币值稳定为最主要目标的货币政策，极易受到政府决策影响而采取扩张性政策，并在一定程度上承担财政赤字[①]和为国有企业改革的成本埋单。[②]

二是从贸易体制及外汇管理体制来看，结售汇制度、人民币升值预期等使得外汇流入大量增加，2005 年 7 月 21 日的汇改以来，人民币 5 年之中升值达 20%以上（注:兑美元），大量外汇的涌入，中央银行被动投放基础货币一定程度上导致了流动性过多。而流动性泛滥带来资产价格的日益膨胀，进而影响通胀预期。

三是我国的金融市场发展程度仍然有待继续深化，货币政策主要依靠信贷渠道传导，利率等价格型货币政策传导渠道不顺畅，发达国家经典的诸如泰勒规则等货币政策来调控价格，尤其是结构性的价格变化，作用十分有限。

3. 货币政策职能受到宏观经济形势发展及本轮通胀的特征的制约

一是本轮价格上涨的结构性特征制约了货币政策的作用空间。最近几轮的价格上涨，最主要的表现是以食品为代表的生活必需品以及一些资产价格的上涨。一方面，由于国际价格体系的差异，我国多数农产品价格处于世界洼地的情形，使得食品价格有与国际接轨并上涨的动力，而此环节中的农产品价格炒作等行为更易诱发通胀预期。促进“三农”发展、增加农民收入的总体战略目标要求不能过度抑制农产品价格。另一方面，面对资产价格上涨，货币政策如何应对，理论界一直以来存在争议，从主流的中央银行观点（如 Bernake 和 Gartler，2000、2001 等）来看，多数是将资产价格作为货币政策关注的对象，

① 尽管《中国人民银行法》等有关法规规定中央银行不得直接为政府融资，但实际上变通的做法普遍存在，如要求商业银行先行购买政府债券，然后再向中央银行抵押融资。

② 如为弥补国有企业亏损，剥离不良债务成立资产管理公司，资金多由央行再贷款垫付，央行再贷款本息不能得到偿付的情况非常普遍。

但一般不将资产价格直接列入货币政策中介目标。我国学者（如钱小安，1998；瞿强，2001；郭田勇，2006等）多数也认为不宜将资产价格直接作为货币政策的中介目标。因此，面对价格上涨的结构性特征，货币政策的作用空间有限。

二是国际、国内流动性过剩的局面短期无法改变，抑制通胀的货币政策取向受到限制。从国际来看，受欧洲主权债务危机影响，各国政策退出步伐可能放缓，最终可能再次依赖增发流动性解决问题，世界性的通胀压力不减。从国内来看，2009年货币供应量和信贷增长速度较快，其时滞效应仍然可能对未来一段时期物价产生上涨压力，当前国内实际利率偏低和流动性过剩矛盾仍然在积聚，富余资金随时可能“冒泡”寻找出口，给通胀预期管理带来了很大的压力。

二、通胀预期管理的政策组合拳需要坚持“短期治标、长期治本”

我国国情、体制及近年来我国通货膨胀的特点，使得货币政策在管理通胀预期中的作用受到很大制约，因此，需要采取一系列的政策组合拳。而通货膨胀及其预期一旦形成，既要重视在短期内迅速化解矛盾、稳定社会预期，更要着眼于长期，加快推动体制机制的变革，从源头上解决问题。

1. 管理通胀预期的短期措施必要性及其主要方法选择

第一，我国管理通胀预期需要重视采取短期政策。当前，我国处于经济结构转型的关键时期，社会矛盾积累多，一些社会阶层的承受能力有所下降，坚持改革、促进发展、维护稳定的任务很重。通货膨胀对不同阶层的影响存在很大不同，对普通百姓尤其是低收入群体的影响显著高于其他社会阶层，容易激化矛盾，影响社会稳定的大局。因此，在通货膨胀及较高的通胀预期形成后，需要采取雷霆万钧的手段，在短期内对特定商品价格水平进行干预，并从需求供给两方面采取措施，迅速化解矛盾。

第二，短期内抑制通胀可以通过如下几个方面进行干预：一是以食品等生活必需品为代表的特定物资对人民群众生活影响最大，其价格变化最能影响通胀预期，[①] 因此，短期内，尤其是在特定时期非常有必要对与居民生活息息相关的衣食住行类消费品以及食品价格进行必要的价格管制，同时对关系国计民生的重要战略物资采取必要的价格管制。二是价格上涨及其预期形成的原因是供给与需求的矛盾，在短期内管理通胀预期，需要抑制短期投机性及其他不合理的需求，并通过应激性特殊措施提高特定商品的供应保障能力。三是加强信息沟通与新闻舆论宣传管理，合理引导社会公众的通胀预期。一方面，向社会发布更为全面准确可信的价格信息，合理引导社会公众预期，而新闻媒体在此过程中也不应只为吸引眼球，断章取义，误导社会公众，而应全面解读统计信息，形成良好的社会新闻舆论氛围。另一方面，政府管理调控通货膨胀的政策努力要和公众及时沟通，引导公众形成合理的通胀预期水平。

2. 管理通胀预期的中长期政策选择

我国的通货膨胀及其预期形成，既有与世界上其他国家相同的原因，也有囿于我国特定国情及体制机制方面的特殊原因。在中长期内处理通胀问题，妥善管理通胀预期，更多地需要从经济增长方式、宏观调控管理体系等根本性的视角进行探索。

第一，实现价格体系的合理化及国际化。要从国际化的视角，梳理价格体系，逐步形成与国际价格相衔接的价格体系，实现与国际价格体系的动态接轨。逐步消除一般贸易品与非贸易品、工业品与农产品、高端产品与低端产品的价格体系异质性。在开放经济条件下，我国部分处于价格洼地的产品，存在与国际价格接轨的压力，需要采取

---

① 从近年来通胀形势变化及其预期分类来看，主要表现为以下两点：一是从实际通胀形势及其分类来看，不同类别的居民消费价格指数变化差异很大。居民食品消费价格指数波动显著大于其他类别价格指数，2009 年下半年以来，各月居民食品消费价格指数（当月同比）比居民消费价格指数高出约 3 个百分点，而在一些特殊时期（如 2008 年 2 月），居民食品消费价格指数（当月同比）比居民消费价格指数高出近 15 个百分点。二是从近年来居民的通胀感受来看，与百姓生活息息相关的用品价格上涨最能引起通胀预期。2010 年第二季度末，针对北京市城镇居民通货膨胀感受和通胀预期进行的定量式问卷调查结果显示，2010 年上半年中，北京地区通胀感受最为强烈的前三位依次是住房、食品、租房；而对下半年的通胀预期中，食品类高居榜首。

有效措施化解其价格上涨过程中引致的物价上涨预期。

第二，实现经济增长方式的协调化和可持续化。继续推动市场经济体制建设，发挥市场在资源配置中的主导作用，让市场真正成为价格发现的根本途径。要努力实现经济的协调增长及结构调整的科学化，改善二元经济结构的发展缺陷，保障社会经济的整体供给能力。

第三，实现宏观调控体系的科学化。要对弱质产业进行必要的扶持，从国家安全角度出发，在战略高度上重视并实施重要物质供应能力的建设。计划、财政、产业政策要更好地与货币政策相配合，进一步提高政策的前瞻性和协调性。

第四，继续深化改革。对于曾经发挥过巨大作用，但已经与当前国情及经济社会发展形势与要求不相符合的制度、规定进行变革。要进一步解放思想，破除固有思维的束缚，敢于、善于处理解决过去不敢、不愿、不能面对的问题，① 从根源上找到解决矛盾的突破口，为彻底理顺市场经济运行机制扫清障碍，为经济有序健康的发展营造更为宽松的条件，为价格的平稳运行提供保障，为管理通胀预期奠定最为坚实的基础。

附录八　不同所有制性质企业集团的生产要素使用效率比较结果

一、企业集团总资产回报情况比较

总资产是企业集团占用全社会物质资本的主要表现形式，总资产

① 比如分税制下的地方政府过度依赖的“土地财政”，这被普遍认为是当前住房价格过高的重要原因之一，也是造成当前较高的通胀预期水平的主要原因之一。

回报情况是衡量企业集团价值创造能力的首要方面。

1. 总资产利润率①

企业集团总资产利润率（资产回报率，ROA）总体来看有所提高，全部企业集团资产利润率 1997 年为 2.43%，2007 年上升到 5.48%，2008 年在国际金融危机影响下有所下降，为 3.55%。国有控股企业集团的总资产利润率处于稳步上升的状态，从 1997 年的 2.28%上升到 2007 年的 5.22%；集体控股企业集团的总资产利润率保持基本平稳状态，维持在 5%~6%；私人控股、港澳台控股、外商控股企业集团总资产利润率相对较高，维持在 6%~9%。

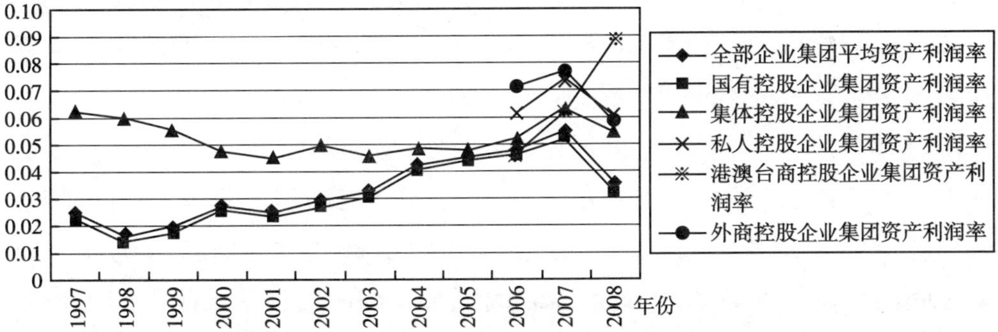

附图 8-1 按所有制区分的企业集团资产利润率变化情况

从最近 3 年的情况来看，外商控股企业集团的总资产利润率最高，私人控股企业集团紧随其后，而国有控股企业的总资产利润率仍然处于末位。港澳台商控股企业集团的资产利润率 2008 年不降反升，超过其他所有类型位列第一，而外商控股企业集团总资产利润率在 2008 年有较为明显的下降。

2. 总资产报酬率②

由于总资产利润率的计算中没有考虑银行信贷资金的借款成本差异，而不同类型的企业集团的信贷资金占用的成本存在较大的不同，

① 总资产利润率 $=\frac{\text{企业集团利润总额}}{\text{企业集团资产总计}}\times 100\%$

② 总资产报酬率 $=\frac{\text{利润总额}+\text{利息净支出}}{\text{资产总计}}\times 100\%$

附表 8-1 最近 3 年各类型企业集团总资产利润率比较

单位：%

年份	项目	企业集团所有制性质					
		全部企业集团	国有控股	集体控股	私人控股	港澳台控股	外商控股
2008	总资产利润率	3.55	3.18	5.42	6.05	8.83	5.86
	排名		5	4	2	1	3
2007	总资产利润率	5.48	5.22	6.33	7.43	6.25	7.71
	排名		5	3	2	4	1
2006	总资产利润率	4.82	4.651	5.19	6.21	4.645	7.11
	排名		4	3	2	5	1
总排名	外商控股 私人控股 港澳台控股 集体控股 国有控股						

且银行利息的支出也是企业经营效果的体现（利息只是利润在不同部门的再次分配而已，对全社会贡献不产生总量的影响），因此将利息因素考虑进来计算企业集团的总资产报酬率很有必要。

将不同类型的企业集团利息支出占比与银行借款占比进行对比后发现，由于国有控股企业规模更大（见上文的比较），所有制更具吸引力（我国主要商业银行同属国有控股，信贷资金在国有银行与国有企业之间的流动一定意义上属于体制内循环），国有控股企业集团支付的银行借款利息占比远低于其银行借款的占比。如 2008 年国有控股企业集团的银行借款占全部企业集团银行借款的 86.56%，而支付的利息支出仅占 81.63%，利息支出占比比借款支出占比要低近 5 个百分点。而

附表 8-2 最近 3 年各类型企业集团的银行借款在全部企业集团中的占比

项目	不同所有制类型企业集团银行借款占全部企业集团银行借款的比重（%）				
年份	国有控股	集体控股	私人控股	港澳台控股	外商控股
2006	84.62555	5.163645	9.46872	0.093103	0.648998
2007	84.23408	5.130436	9.790287	0.188234	0.656962
2008	86.56075	3.195307	9.395795	0.200762	0.647382

附表 8-3 最近 3 年各类型企业集团的利息支出在全部企业集团中的占比

项目	不同所有制类型企业集团利息支出占全部企业集团利息支出的比重（%）				
年份	国有控股	集体控股	私人控股	港澳台控股	外商控股
2006	82.28995	5.244665	11.61231	0.149583	0.703485
2007	81.27207	5.073181	12.64546	0.269897	0.739115
2008	81.62546	4.120588	13.18493	0.210267	0.858752

其他所有类型企业的利息支出占比都高于其借款占比。

通过计算总资产报酬率后发现，不同所有制企业集团的总资产报酬率排名与总资产利润率保持一致，外商控股企业集团最高，私人控股企业集团较高，国有控股企业集团垫底。同时，考虑利息支出因素后的不同所有制类型企业集团的资产报酬率状况差异情况更大，如2008 年国有控股企业集团资产报酬率低于全部企业集团平均水平 0.43个百分点，其差距比资产利润率更大（2008 年国有控股企业集团总资产利润率低于全部企业集团平均水平 0.37 个百分点）。

附表 8–4 最近 3 年各类型企业集团的总资产报酬率

单位：%

年份	项目	企业集团所有制性质					
		全部企业集团	国有控股	集体控股	私人控股	港澳台控股	外商控股
2008	总资产报酬率	4.67	4.24	6.99	7.67	9.76	7.22
	排名		5	4	2	1	3
2007	总资产报酬率	6.53	6.21	7.76	8.92	7.40	9.03
	排名		5	3	2	4	1
2006	总资产报酬率	5.82	5.60	6.52	7.55	5.78	8.20
	排名		5	3	2	4	1
总排名	外商控股　私人控股　港澳台控股　集体控股　国有控股						

3. 总资产利税率①

纳税因素是反映企业集团经营成果的重要指标，在考虑纳税因素后，得到总资产利税率的情况。从近 3 年来看，外商控股企业集团的利税率总体较高，2006 年、2007 年均位居全部企业集团的第一位，2008 年在金融危机影响下有所下降。私人控股企业集团紧随其后，港澳台商控股 2008 年迅速提升，而国有控股企业集团相对较低。

① $总资产利税率=\frac{企业集团利税总额}{资产总计}\times100\%=\frac{企业集团利税总额+营业税金及附加+应交增值税}{资产总计}\times100\%$

附表 8–5 最近 3 年各类型企业集团的总资产利税率

单位：%

年份	项目	企业集团所有制性质					
		全部企业集团	国有控股	集体控股	私人控股	港澳台商控股	外商控股
2008	资产利税率	6.60	6.23	8.31	9.19	12.31	9.40
	排名		5	4	3	1	2
2007	资产利税率	8.64	8.37	9.25	10.78	9.05	11.52
	排名		5	3	2	4	1
2006	资产利税率	7.96	7.79	8.10	9.38	7.24	10.43
	排名		4	3	2	5	1
总排名	外商控股 私人控股 (集体控股 港澳台商控股)[①] 有控股						

二、企业集团净资产及占用资金回报情况比较

净资产是反映企业所有者投入（占用）自身资源的直接反映，净资产回报情况是企业所有者衡量其赢利能力的最重要指标。

1. 净资产收益率[②]

从净资产收益率的情况来看，外商控股企业集团的净资产收益率总体较高，而内资企业中，私人控股企业的净资产收益率明显高于国有控股和集体控股企业集团。

附表 8–6 最近 3 年各类型企业集团的资本保值增值率

单位：%

年份	项目	企业集团所有制性质					
		全部企业集团	国有控股	集体控股	私人控股	港澳台控股	外商控股
2008	净资产收益率	7.40	6.56	11.62	12.76	16.52	13.06
	排名		5	4	3	1	2
2007	净资产收益率	10.65	9.96	13.72	15.51	12.81	16.12
	排名		5	3	2	4	1
2006	净资产收益率	9.37	8.90	11.31	12.79	12.85	15.57
	排名		5	4	3	2	1
总排名	外商控股 港澳台控股 私人控股 集体控股 国有控股						

① 表示括号内的几种类型综合 3 年的排名不分先后，下同。

② 净资产收益率$=\frac{\text{净利润}}{\text{所有者权益}}\times 100\%=\frac{\text{利润总额}-\text{应交所得税}}{\text{所有者权益}}\times 100\%$

2. 资本保值增值率①

从资本保值增值率情况来看，私人控股企业集团的总体情况较好，而国有控股企业集团相对排名靠后。

附表 8–7　最近 3 年各类型企业集团的资本保值增值率

单位：%

年份	项目	企业集团所有制性质					
		全部企业集团	国有控股	集体控股	私人控股	港澳台控股	外商控股
2008	资本保值增值率	111.21	110.79	112.32	114.92	108.38	108.21
	排名		3	2	1	4	5
2007	资本保值增值率	124.37	123.75	124.54	129.43	153.66	130.08
	排名		5	4	3	1	2
2006	资本保值增值率	115.56	115.23	116.27	117.56	126.50	131.12
	排名		5	4	3	2	1
总排名	（私人控股　港澳台控股）　外商控股　集体控股　国有控股						

3. 资金利润率②

资金利润率反映了企业集团占用资金回报情况，为利润总额与资金（固定资产净值 + 流动资产平均余额）的比率。从近年来的情况看，外商控股企业集团的资金利润率总体情况高于其他类型企业，国有控股和集体控股企业集团相对较低。

附表 8–8　最近 3 年各类型企业集团的资金利润率

单位：%

年份	项目	企业集团所有制性质					
		全部企业集团	国有控股	集体控股	私人控股	港澳台控股	外商控股
2008	资金利润率	6.67	6.25	7.94	8.92	12.93	8.70
	排名		5	4	2	1	3
2007	资金利润率	9.50	9.41	8.75	10.43	9.39	10.81
	排名		3	5	2	4	1
2006	资金利润率	6.41	6.20	6.57	8.22	7.99	9.63
	排名		5	4	2	3	1
总排名	外商控股　私人控股　港澳台控股　（集体控股　国有控股）						

① $资本保值增值率=\frac{本年股东权益合计}{上年股东权益合计}\times 100\%$

② $资金利润率=\frac{利润总额}{固定资产净值+流动资产平均余额}\times 100\%$

参考文献

保罗·萨缪尔森、威廉·诺德豪斯:《经济学》(第18版),萧琛译,人民邮电出版社2008年版。

财政部统计评价司编:《企业绩效评价工作指南》,经济科学出版社2002年版。

蔡文杰、邝国良:《中国金融控股集团的模式及发展趋势研究——对中信集团财务报表的分析与思考》,《华南理工大学学报》(社会科学版)2005年第2期。

陈佳贵、黄群慧:《工业发展、国情变化与经济现代化战略》,《中国社会科学》2005年第4期。

陈迪红、潘竟成:《保险公司动态财务分析初探》,《财经理论与实践》2002年第3期。

樊纲:《公有制宏观经济理论大纲》,上海三联书店1990年版。

樊纲:《市场机制与经济效率》,上海三联书店1995年版。

焦瑾璞、孙天琦、刘向耘:《货币政策执行效果的地区差别分析》,《金融研究》2006年第3期。

谷克鉴、余剑:《汇率变化与中国产业结构调整研究》,中国人民大学出版社2008年版。

国家统计局:《中国大企业集团》,中国统计出版社2009年版。

黄隽、汤珂:《商业银行竞争、效率及其关系研究——以韩国、中国台湾和中国大陆为例》,《中国社会科学》2008年第1期。

黄薇:《中国保险机构资金运用效率研究:基于资源型两阶段DEA模型》,《经济研究》2009年第8期。

黄薇：《中国保险业全要素生产率研究》，《当代经济科学》2008 年第 6 期。
金碚：《中国工业变革振兴 60 年》，《中国工业经济》2009 年第 6 期。
李卓莉、丁宁、柳凤娇：《中国发展区域金融服务业的效率分析——来自辽宁省的例证》，《商场现代化》2006 年 3 月（中旬刊），总第 161 期。
刘澜飚、王博：《门槛效应、管制放松与银行效率的改进——理论假说及其来自中国的经济研究》，《金融研究》2010 年第 3 期。
刘志迎、孙文平、李静：《中国财产保险业成本效率及影响因素的实证研究》，《金融研究》2007 年第 4 期。
刘云生：《广东省金融成熟状况分析》，《华南理工大学学报》（社会科学版）2009 年第 8 期。
马洪、孙尚清：《现代中国经济大事典》，中国财政经济出版社 1993 年版。
林毅夫、蔡昉、李周：《中国的奇迹：发展战略与经济改革》（增订版），上海三联书店 1999 年版。
罗归国：《中国现代化若干重大理论问题》，中共中央党校出版社 2004 年版。
罗纳德·麦金农：《经济市场化的次序》，周庭煜等译，上海三联书店 1997 年版。
毛定详：《中国金融机构与产业结构经济结构关系的实证研究》，《运筹与管理》2006 年第 5 期。
平狄克、鲁宾费尔德：《微观经济学》，张军等译，中国人民大学出版社 1997 年版。
邱华创：《基于战略视角探讨企业购并后的经营效率——以台湾金融控股企业为例》，《太平洋学报》2006 年第 2 期。
瞿商：《我国计划经济体制的绩效（1957~1978）——基于投入产出效益比较的分析》，《中国经济史研究》2008 年第 1 期。
任兆璋、刘云生：《广东金融成熟度综合指数研究》，《金融研究》2010

年第 3 期。
世界银行：《1996 世界发展报告：从计划到市场》，中国财政经济出版社 1996 年版。
宋士云：《中国银行业市场化改革的历史考察：1979~2006 年》，《中国经济史研究》2008 年第 4 期。
谈儒勇：《中国金融发展和经济增长关系的实证研究》，《经济研究》1999 年第 10 期。
王聪、谭政勋：《我国商业银行效率结构研究》，《经济研究》2007 年第 7 期。
王广谦：《现代经济发展中的金融因素及金融贡献度》，《经济研究》1996 年第 5 期。
王广谦：《提高金融效率的理论思考》，《中国社会科学》1996 年第 4 期。
王晋斌：《金融控制政策下的金融发展与经济增长》，《经济研究》2007 年第 10 期。
王志伟：《现代西方经济学流派》，北京大学出版社 2002 年版。
吴润生：《中国金融业就业结构与生产效率的宏观分析》，《统计研究》2000 年第 9 期。
吴润生：《对我国金融产出结构与运作效率的分析和思考》，《宏观经济研究》2000 年第 10 期。
谢平、许国平、李德：《运用信用评级原理加强金融监管》，《管理世界》2001 年第 1 期。
杨晓敏：《中国金融业资产的规模与效率》，《金融论坛》2007 年第 5 期。
姚树洁、冯根福、姜春霞：《中国银行业效率的实证分析》，《经济研究》2004 年第 8 期。
姚树洁、冯根福、韩钟伟：《中国保险业效率的实证分析》，《经济研究》2005 年第 7 期。
姚战琪：《现阶段我国金融服务业的结构、效率及公共政策》，《国际贸易》2006 年第 3 期。
袁云峰、曹旭华：《金融发展与经济增长效率的关系实证研究》，《统计研究》2007 年第 5 期。

张杰：《渐进改革中的金融支持》，《经济研究》1998 年第 10 期。

张军、金煜：《中国的金融深化和生产率关系的再检验：1987~2001》，《经济研究》2005 年第 11 期。

张健华：《我国商业银行效率研究的 DEA 方法及 1997~2001 年效率的实证分析》，《金融研究》2003 年第 3 期。

张健华、王鹏：《中国银行业前沿效率及其影响因素研究》，《金融研究》2009 年第 12 期。

张健华、王鹏：《中国银行业广义 Malmquist 生产率指数研究》，《经济研究》2010 年第 8 期。

张维迎：《博弈论与信息经济学》，上海三联书店 2002 年版。

战明华、杨义群：《货币、金融深化与经济增长的效率——基于中国的实证》，《统计研究》2001 年第 8 期。

赵桂芹：《我国产险业资本投入效率及对经营业绩影响的实证分析》，《金融研究》2009 年第 12 期。

中国人民银行计划司编：《利率文件汇编》，中国金融出版社 1986 年版。

中国人民银行：《中国人民银行六十年：1948~2008》，中国金融出版社 2008 年版。

周升业：《金融资金运行分析：机制效率信息》，中国金融出版社 2002 年版。

周四军：《中国商业银行效率研究》，中国统计出版社 2008 年版。

周楠、鞠守勇：《我国上市银行综合财务评价和投资价值分析》，《河北金融》2008 年第 11 期。

Amin H. Amershi, "A Complete Analysis of Full Pareto Efficiency in Financial Markets for Arbitrary Preferences", *The Journal of Finance*. Vol.40, No.4, September 1985, pp.1235–1243.

Audretsch, D. B., and Feldman, "R&D Spillovers and the Geography of Innovation and Production", *American Economic Review*, Vol.86, No.3, June 1996, pp.630–640.

Bernanke and Gertler, "Inside the Black Box: The Credit Channel of Monetary Policy Transmission", *Journal of Economic Perspectives*, Fall 1995, pp.27–48.

Bernanke and Blinder, "Credit, Money, and Aggregate Demand", *NBER Working Paper*, No.2534, 1988.

Bernanke, Gertler and Gilchrist, "The Financial Accelerator in a Quantitative Business Cycle Framework", in J.B.Taylor and M. Woodford, eds. *Handbook of Macroeconomics*, Amsterdam: North Holland, 1999.

David M. Jones, "Fed Policy, Financial Market Efficiency, and Capital Flows", *The Journal of Finance*, January 1999, pp.1501–1507.

Donald R. Davis and David E.Weinstein, "An Account of Global Factor Trade", *American Economic Review*, Vol.91, No.5, 2001. pp. 1423–1453.

Frederic S. Mishkin, "The Channels of Monetary Transmission: Lessons for Monetary Policy", *NBER Working Paper*, No.5464, 1996.

Frederic S. Mishkin, "The Transmission Mechanism and the Role of Asset Prices in Monetary Policy", *NBER Working Paper*, No.8617, 2001.

Goldsmith Raymond, *Financial structure and development*, New Haven: Yale University Press, 1969.

Grossman and Helpman, *Innovation and Growth in the Global Economy*, Cambridge, Massachusetts: MIT Press, 1991.

Jeffery Wurgler, "Financial Market and the Allocation of Capital", *Journal of Financial Economics*, No.58, 2000, pp.187–214.

Jeffrey M Lacker, "Financial Intermediation, Optimality, and Efficiency", *The Canadian Journal of Economics*, May 1989, pp. 364–382.

J. Mossin, *Theory of Financial Markets*, New Jersey: Prentice Hall, 1972.

J. Mossin, *The Economic Efficiency of Financial Markets*, Lexington,

MA: Lexington Books, 1977.

J. Stiglitz, "The Allocation Role of the Stock Market: Pareto Optimality and Competition", *Journal of Finance*, No.36, 1981, pp.215–251.

K. J. Arrow, "The Role of Securities in the Optimal Allocation of Risk–Bearing", *Review of Economic Studies*, No. 31, 1964, pp.91–96.

Kaparakis, EI, Miller S M and Noulas A G, "Short–run Cost Inefficiency of Commercial Banks: A Flexible Stochastic Frontier Approach", *Journal of Money, Credit, and Banking*, No.26, 1994, pp.875–893.

King, Robert G., and Ross Levine, "Finance and Growth: Schumpeter Might Be Right", *Quarterly Journal of Economics*, August 1993, pp.717–737.

King, Robert G., and Ross Levine, "Finance, Entrepreneurship, and Growth: Theory and Evidence", *Journal of Monetary Economic*, No. 32, 1993, pp. 513–542.

Learner, Edward, *Sources of International Comparative Advantage: Theory and Evidence.*, Massachusetts: The MIT Press, 1984.

Lewis J. Spellman, *Deposit Ceilings and the Efficiency of Financial Intermediation: An Invited Working Paper*, San Francisco: Federal Home Loan Bank of San Francisco, 1979.

Levine Ross, "Financial Development and Economic Growth: Views and Agenda", *Journal of Economic Literature*, No.35, 1997, pp.688–726.

Levine Ross and Sara Zervos, "Stock Markets, Banks, and Economic Growth", *World Bank Policy Research Working Paper*, No. 1690, December 1996.

McKinnon Ronald, *Money and Capital in Economic Development*, Washington: Brookings Institution, 1973.

M. Rubinstein, "The Strong Case for the Generalized Logarithmic Utility

Model as the Premier Model of Financial Markets", In H. Levy and H. Sarnat, eds., *Financial Decision Making Under Uncertainty.* New York: Academic Press, 1972.

M. Rubinstein, " Securities Market Efficiency in an Arrow –Debreu Economy", *American Economic Review*, No.65, December 1975, pp.812–824.

N. Hakansson, "The Superfund: Efficient Paths Toward Efficient Capital Markets in Large and Small Countries", In H. Levy and M. Sarnat, eds., *Financial Decision Under Uncertainty*, New York: Academic Press, 1972.

Ronald W. Jones and Peter. B. Kenen, *Handbook of International Economics*, Amsterdam: Elsevier Science Publishers, 1984.

S. Bhattacharya, " Notes on Multi –period Valuation and the Pricing of Options", *Journal of Finance*, No. 36, 1981, pp.163–180.

Shaw Edward, *Financial Deepening in Economic Development*, New York: Oxford University Press, 1973.

S. Ross, "Options and Efficiency", *Quarterly Journal of Economics*, No. 90, 1976, pp.75–89.

Tobin, James, and William Brainard, "Financial Intermediaries and the Effectiveness of Monetary Controls", *American Economic Review*, Vol.53, May 1963, pp.383–400.

索 引

B

博弈论　10，11，13，121，186
博弈模型　121，125，127，128
边际学派　4，5

C

采购经理人指数　103，112
产权理论　5
产业发展　7，8，9，10，11，12，33，35，36，37，39，40，43，47，50，53，57，71，72，75，102，137，140，141，143
产业结构　8，9，12，16，17，32，35，36，37，39，40，49，50，53，54，58，71，140，141，183，184
产业空心化　140
产业扩张　8，9，12，40，42，45，47，137，143，144
产业升级　64，140，141
产业效率　8，11，12，24，27，71，79，82，85，101，132
创新理论　5
存款货币银行　19，43，44

D

大国情形　8，12，34，35，37，65，66，69
大国模型　12，62

E

EG 两步法　45，52，53，143，144，145
二元经济结构　34，172，176

F

分工理论　5
福利经济学　4，5

G

功能效率　7，8，11，12，15，18，19，22，

33，35，36，37，39，40，42，49，57，71，72，101，107，115，137
管理效率　7，9，12，15，24，71
国营企业　39
国有企业　1，9，48，49，101，113，120，121，126，130，131，173，178
工业增加值　103，110，111，114，115

H

HOV 模型　36
霍夫曼定理　35
宏观调控　2，37，101，105，142，171，172，175，176
货币供应量　41，43，51，72，108，109，119，143，174
货币政策　2，8，9，11，37，39，101，105，107，108，109，110，111，112，113，114，115，118，119，120，121，131，132，171，172，173，174，176，183

J

Jeffrey Wurgler 范式　57，69
计量经济学　10
经济增长　2，8，9，11，12，13，15，16，17，18，19，20，21，22，26，34，35，36，40，41，43，45，46，47，48，71，72，77，78，102，105，106，108，109，110，113，115，119，120，131，137，141，143，144，172，175，176，185，186
净资产收益率　89，180
金融发展　1，2，8，9，12，13，15，16，17，18，19，21，22，25，36，40，41，45，46，52，53，78，101，141，185
金融深度　19，41，43，51，143
金融市场　2，6，7，19，20，25，43，75，101，107，121，124，126，133，134，137，138，140，142，173
金融危机　2，8，9，11，12，29，40，78，88，89，95，101，102，103，104，105，107，108，109，110，111，112，113，115，117，118，119，121，123，125，127，129，130，131，132，133，135，172，177，179
金融效率　3，4，6，7，8，9，10，11，12，13，15，16，19，24，33，36，40，69，71，80，82，88，101，137，185
金融业增加值　25，72，73，75，76，77，78，79
金融中介　6，17，19，22，23，36，43
金融中心　71，76，78，79
金融资源　1，2，6，8，9，11，12，13，15，22，23，24，36，37，57，58，59，60，61，62，65，66，69，101，115，120，139，140，141

L

理性选择　124，128

N

纳什均衡 11，123，124，125，128，129

P

帕累托效率标准 4
配置效率 1，3，4，5，6，7，8，9，11，12，15，18，20，22，23，24，48，57，58，59，60，61，63，65，67，68，69，71，72，84，101，115，120，129，137，141，145

Q

企业家信心指数 104，105
企业景气指数 104，105
企业集团 10，48，85，86，87，89，90，91，92，93，94，95，96，97，98，99，112，120，121，129，130，131，132，141，169，170，176，177，178，179，180，181，183

S

商业银行 7，10，19，24，25，26，28，29，44，47，51，80，81，82，96，106，107，108，109，115，116，117，118，119，121，123，125，126，127，129，131，132，133，134，135，136，138，139，159，160，161，162，163，170，173，178，183，185，186
生产函数 8，12，28，57，61，62，65，66，67，69，83，84，85，87，88，95，96，145，146，147，148，149，150，151，152，153，154，155，156，157，158
市场流动性 44，51，107，108，110
市场效率 6，7，25
世界银行 1，34，74，185
数学规划模型 9，12，65，67，68
数据包络分析 15，24，30，84
随机前沿方法 15，24，30，84

T

Testdrop 检验 46
通货膨胀预期 9，101，172

X

X 效率 5，6，30
小国模型 12，61

Y

羊群效应 126，127
银行授信 48，112
银行信贷 39，41，48，90，107，108，109，114，115，116，117，118，119，131，135，138，140，144，145，177

优化模型 8，9，12，57，58，59，60，61，64，65，66，68，69
运筹学 8，10，11，57

Z

政府投融资平台 118，136
中央银行 7，19，43，114，118，119，133，135，172，173
中国人民银行 38，39，44，80，108，114，134，159，160，173，186
资本保值增值率 87，88，89，94，95，97，130，131，163，164，165，166，167，168，169，170，180，181
资本积累率 21
资本市场 20，36，47，53，72，95，102，114，159
资本资产定价模型 21，116
资金利润率 87，88，89，93，97，130，131，163，164，165，166，167，168，169，181
资源禀赋 35，40，54，62，141
总资产报酬率 87，88，89，90，91，92，97，130，131，163，164，165，166，167，168，169，177，178，179
总资产利税率 87，88，89，97，130，131，163，164，165，166，167，168，169，179，180
总资产收益率 88，90，169，170

后 记

怀着些许兴奋、些许惶恐以及更多的留恋与不舍，我即将要离开这个学习、工作近三年的学术圣殿。三年中，我付出辛勤与努力，收获知识与喜悦，也得到更多的感动。

感谢中国社会科学院工业经济研究所的培养，感谢李平书记及各位所领导、各位老师给予的关怀与指导，感谢各位同学的帮助。在这里从事博士后科研工作的三年，时常能够聆听诸多学界泰斗以及学术中坚的教诲，瞻仰大师的风采，感受学术的魅力，使这三年成为我人生中最有意义、收获最为丰富的三年。

感谢中国博士后科学基金的资助。资金的资助使我一方面能够顺利开展多角度、全方位的实地调研及问卷调查工作，为课题研究提供了许多宝贵的一手材料；另一方面能够获取前沿的理论文献及丰富的数据资料，并进行大量的学术研讨与交流活动，从而丰富了学识、开阔了眼界、提高了课题研究的理论水平。

感谢吕铁研究员。吕老师学术造诣高深，师德高尚，待人亲和，作为我的博士后指导导师，他在学术上的指导、工作中的关心以及生活上的照顾，使我能够顺利、愉快地从事博士后科研工作。尤其是在进行博士后出站报告及基金项目结题报告的撰写工作中，从选题、提纲设计，到写作中的重点难点问题攻关以及最后的定稿、成稿，都凝聚了吕老师的智慧与关怀。能够师从吕老师，是我人生最大的幸事之一。

感谢各位师友的支持与帮助。特别要感谢赵英研究员，是他将我领进工业经济研究所这个大家庭，并对我日后的科研工作给予了许多关怀与指导。还要特别感谢所办公室的樊建勋主任和杨宏静老师，从进入工业经济研究所的第一天起，他们就为我提供了无微不至的关心与帮助，使我感受到家一般的温暖。特别感谢中国人民大学的谷克鉴教授，其在我博士毕业后仍然时刻关心我的工作与生活。感谢我在人民银行的领导与同事，感谢他们在数据资料整理、调查问卷收集与分析、实地调研联络与安排等方面提供的便利。

需要特别说明的是，本书有关研究仅是个人学术思考，不代表所在单位的观点。与此同时，由于作者水平有限，错误与疏漏在所难免，但责任均由作者承担。

即将离开，但无论到哪里，心中都永远将工业经济研究所当成自己的家，并时刻铭记要为这里增光添彩。

余　剑

2012 年 8 月